부산의
오늘을 묻고
내일을 걷다

부산의
오늘을 묻고
내일을 걷다

장지태
칼럼집

산지니

머리말

10년이면 강산도 변한다고 했다. 기자 인생 30년. 한 번 선택한 길이 내리 30년을 넘게 이어왔다. 해와 달이 번갈아 떠오르듯 기쁨과 노여움, 슬픔과 즐거움이 교차했다. 사람의 일생에서 30년은 결코 짧지 않은 세월이다.

기자는 글을 남긴다. 젊은 시절 현장을 누빈 기사는 부산일보 지면에 녹아 있다. 여기 엮은 글은 논설위원으로 쓴 칼럼들이 대부분이다. 글이 넘치는 시대라 망설였지만, 퇴직 기념으로 욕심을 내어 모으고 추렸다. 기자는 자존심을 먹고 산다고 했다. 나의 글에는 기자의 자존심이 얼마나 배어 있을까. 기자는 지사(志士)라고 여기던 병아리 기자 시절의 초심을 끝까지 간직했을까. 돌아보면 부끄럽지만, 그래도 기자 인생에 후회는 없다.

고교 시절부터 실학파에 관심이 많았다. 실사구시, 이용후생, 경세치용…. 유학 전통이 강했던 향촌에서 장손으로 태어나 어릴 때부터 충효 이야기를 많이 들었던 영향도 있지 않나 싶다. 철이 들면서 격식보다 실행에 끌렸다. 실학파의 현실 직시, 해법 강구 정신이 좋았다. 글쓰기를 평생 업으로 삼았지만, 시인이나 소설가가 못 되고 기자가 된 연유다.

부산은 나의 제2고향이다. 부산에서 대학을 나오고 기자가 됐다. 사회부 경찰기자로 1990년부터 북구(사상구 분구 전)와 강서구를 1년 넘게 출입하면서 김해국제공항을 함께 담당했다. 당시 김해공항

부산의 오늘을 묻고 내일을 긷다

은 국제공항이라고 하기에는 너무 초라했다. 이용객은 빠르게 늘어 났지만, 활주로는 공군부대와 공용이었고, 공항 청사는 시골 비행 장(?) 수준이었다. 지하철 2호선 공사가 진행되면서 공항에서 시내 로 진입하는 도로는 교통지옥이었다. 1990년대 초반부터 부산이 신 공항을 모색한 이유다.

2003년 편집국 부국장 시절 인천국제공항을 보고 충격을 받았다. 서울에 인접한 인천이 무섭게 부상하고 있었다. 그때부터 '부산이 과연 제2도시인가?' 하는 물음을 제기하고 대안을 촉구했다. 신공 항 건설이 유력한 해법의 하나였다. 그러나 부산의 제2공항 개념으 로 출발한 신공항 건설이 영남 5개 시·도 간 이해관계가 엇갈려 진 창 상태에 빠져 드는 상황을 지켜보면서 안타까움을 금할 수 없었 다. 가덕도 신공항 건설을 촉구하는 칼럼이 많아진 이유다.

부산은 동북아 해양허브를 지향한다. 해양허브로 가는 길은 쉽 지 않다. 신항만 건설과 해양금융 활성화가 함께 이뤄져야 하고, 해 양수산부도 역할을 제대로 해야 한다. 부산이 지닌 천혜의 자연조 건 중에서 최고는 바다라고 생각한다. 바다에 부산과 한국의 미래 가 달려 있다고 할 수 있다. 부산의 해양허브를 위한 대안을 촉구하 고 해법을 찾는 칼럼도 많이 쓴 편이다. 부산일보 초대 해양문화연 구소장을 맡아 세계해양포럼(World Ocean Forum)을 창안한 경험 과도 무관치 않다.

부산은 지방도시다. 대한민국은 중앙집권주의가 너무 강하다. 지방선거가 실행된 지 20년이 넘었지만, '서울=일류, 수도권=이류, 비수도권 지방=삼류' 현상이 해소되기는커녕 되레 심화되고 있다. 풀뿌리 민주주의인 지방자치가 제대로 꽃을 피우지 못하고 있다. 중앙정부의 지방분권과 국가균형발전 정책을 거듭 촉구하고 그 속에서 부산의 발전을 모색한 이유도 여기에 있다. 부산·경남·울산의 통합을 바란 것도 수도권에 대응하는, 초광역화를 통한 동남권의 발전을 염원했기 때문이다. 그 뿌리는 2004년 2월에 펴낸 졸저『서울 공화국은 안 된다』에 닿아 있다.

정치 개혁을 촉구한 칼럼도 꽤 많다. 정치권에 대한 국민 불신이 극심하지만, 정치 자체는 중요하다. 정치가 권력의 획득과 유지 기능을 통해 나라 운영과 국민의 삶의 질까지 좌우하는 영역이기 때문이다. 그렇게 중요한 정치가 왜 국민들의 지탄의 대상이 돼 있을까. 고질적인 정당 간 정쟁과 정당 내 패권 다툼에 매몰돼 국익과 민생을 내팽개쳐 왔기 때문이다. 참담한 심정으로 주권재민의 국민을 위한 정치, 국리민복을 위해 멸사봉공하는 정치, 그러한 정치가 가능하도록 제도와 시스템을 바꾸는 정치개혁을 칼럼을 통해 줄곧 촉구해 왔다.

여러 해에 걸쳐 쓴 칼럼들을 묶다 보니 주제가 다양하고 더러 중복된 내용도 눈에 띈다. 그래도 부산을 중심으로 한국의 현실을 진단하고 미래 비전을 찾는다는 큰 맥락은 어느 정도 살아 있는 듯하여 작은 위안이 된다. 하지만 칼럼들을 다시 읽으며 마음이 무거웠다. 많은 세월이 흘렀음에도 정치불신, 수도권 집중, 실업난 등 '한국병'의 차도가 지지부진하다는 점을 절감했기 때문이다.

이 칼럼집은 부산과 한국의 오늘을 묻고 내일을 긷기 위한 '기자 장지태'의 글쓰기 여정이다. 나름대로 고심해서 문제점을 지적하고 해법을 모색하느라 노력했지만, '변방의 북소리'에 그치고 만 게 아니었는지 쑥스러운 마음이다. 독자 여러분의 따끔한 쓴소리를 인생 2막의 지렛대로 받아들이고자 한다.

인생 1막을 정리하는 칼럼집을 산뜻하게 꾸며 준 산지니출판사 관계자 여러분께 감사드린다. 30년 기자 생활 중 신문사의 험지인 사회부에서 11년을 보낸 '회사형 인간'으로 가정에 소홀했음에도 한결같이 믿고 힘이 돼 준 가족에게도 고마움을 표하고 싶다. 미당 서정주의 표현을 빌리면 '나를 키운 8할'인 부산일보의 동료들께도 따뜻한 사랑을 전하고자 한다.

2016년 2월

장지태

차례

부산 신공항 건설과 해양허브를 위하여

이제는 부산 신공항이다

참으로 부럽다. 제주도에 신공항이 들어선다. 정부가 엊그제 제주 국제공항을 존치하면서 제2공항을 만든다고 발표했다. 부산은 20년 넘게 용을 써도 지지부진한데, 제주도는 딴판이다. 제주공항은 몇 년 전부터 중국인 관광객들이 몰려 북새통이다. 비행기 표를 구하기 어렵고, 2018년이면 포화 상태가 된다고 한다. 정부가 제주도 신공항 건설에 적극 나서면서 숙원이 풀리게 됐다.

제주도는 동아시아의 대표적인 관광지다. 포화 상태가 임박한 제주공항의 시설용량 보완은 오히려 늦은 감이 있다. 무릇 신공항 건설에만 족히 10년은 걸리기 때문이다. 신공항 건설이 진행되는 동안 제주공항의 북새통은 계속될 수밖에 없다. 정부는 제주 신공항을 본보기로 삼아 부산 가덕도 신공항 건설을 서둘러야 한다.

김해국제공항도 급증하는 항공 수요로 2018~2020년 포화 상태가 될 전망이다. 한국교통연구원 등의 '2014 영남권 항공수요조사 연구'는 김해공항 이용객 수가 2023년 포화 상태인 1천678만 명에 이를 것으로 예측했다. 그러나 김해공항 연 평균 성장률(2014년 기준)을 15%로 치면 2018년 이용객 수가 1천815만 명에 도달한다. 연평균 성장률을 10%로 낮춰도 2019년 1천671만 명에 이른다. 이처럼 3~5년 안에 김해공항이 포화 상태에 이를 게 확실한데도 부산의 신공항은 아직도 안갯속이다.

왜 그런가. 동남권 신공항은 박근혜 대통령이 대선후보 시절 부

부산의 오늘을 묻고 내일을 긷다

산 시민들이 원하는 공항을 반드시 건설하겠다고 공약했는데도 불구하고, 부산의 가덕도 안에 대구·경북 등이 밀양 안을 내세우며 반대하는 바람에 정부가 결정을 유보해 왔다. 영남권 5개 시·도 단체장은 2015년 1월 19일 신공항의 성격·규모·기능 등을 외국의 전문기관에 용역을 맡기기로 공동 합의했다. 현재 2016년 6월 24일까지의 1년짜리 용역이 진행 중이다. 2016년 6월 용역 최종 보고회 및 최적대안 선정이 순조롭게 이뤄질 것인가. 정부의 최적대안 선정이 미뤄질 경우 현 정부 임기 내 동남권 신공항 건설 확정이 불투명해질 수 있다.

 걱정스럽고 답답한 부산 시민들에게 정부의 제주 신공항 발표는 고무적이다. 정부는 기존 제주공항을 사용하면서 서귀포시 성산읍의 바다 부근에 활주로 1본의 신공항을 건설하기로 했다. 김해공항을 존치하면서 가덕도에 활주로 1본을 만들자는 부산시 안과 닮은 꼴이다. 또 정부는 소음 피해, 장애물과 환경 훼손, 확장 가능성 등을 제주 신공항 입지 결정의 핵심 요인으로 삼았다. 이런 입지 공식은 가덕도가 최적지임을 새삼 확인시켜 준다. 공사비도 가덕도가 훨씬 적게 든다. 활주로 1본의 경우 가덕도는 5조 5천900억 원인 반면 밀양은 7조 8천493억 원이 든다.

 정부는 제주 신공항 건설을 확정지은 만큼 이제 부산 신공항에 주력해야 한다. 21세기는 도시 경쟁력이 곧 국가 경쟁력이다. 한국의 미래도 서울 중심의 수도권과 부산 중심의 동남권 메갈로폴리스 (포항~울산~부산~창원~여수~광양) 육성에 달려 있다는 지적이 많다. 해안선을 따라 도시를 연결해 시너지 효과를 높이자는 이 메갈로폴리스가 뉴욕·시카고·도쿄·상하이·파리·런던 중심의 세계적인 메갈로폴리스들과 경쟁하려면 부산이 구심력을 발휘할 수 있어야 한다. 그 핵심 장치가 가덕도 신공항 건설이다.

부산 중심의 메갈로폴리스는 곧 유라시아 관문 도시권이다. 박 대통령이 주창한 유라시아 이니셔티브를 실현하려면 유라시아 철도·항만 기종점인 부산에 신공항을 건설해 철도·항만·공항의 트라이포트(Tri-Port)를 구축해야 한다. 프랑스의 세계적인 공항 개발·운영 회사인 빈치사도 부산의 이런 위상과 투자가치에 주목, 지난달 가덕도 신공항의 개발 및 김해공항의 운영에 적극 참여하겠다는 의사를 밝혔다.

글로벌 인프라투자 전문가인 미국 뱁슨대학의 셍커 싱행 교수도 부산 신공항 건설을 촉구했다. 지난달 서울을 방문한 그는 "부산은 항만·육로·공항의 세계적인 포트로서 글로벌 도시로 성장할 수 있는 충분한 잠재력이 있는데도 지역 간 이기주의, 중앙정부의 애매한 태도로 인해 부산 신공항의 건설이 늦어지고 있다"고 주장했다. 정곡을 찌른 그의 탁견을 박근혜정부는 깊이 새겨 정책 구현에 나서야 한다.

부산의 오늘을 묻고 내일을 긷다

동남권 신공항은 김해공항의 시설용량을 보완하는 데서 출발했다. 부산의 제2공항이란 말이다. 그런 신공항이 부산시역을 벗어나고, 더구나 김해공항까지 폐쇄한다면 부산 시민이 용납하겠는가. 김해공항을 폐쇄하면 이용객 불편은 말할 것도 없고, 사회·경제적 손실 비용만 해도 4조 원이나 된다. 정부는 국가 미래가 걸린 동남권 육성을 위해 가덕도 신공항 건설의 결단을 속히 내려야 할 것이다. (부산일보, 2015.11.13)

'지방 소멸'과 부산 신공항

　얼마 전 다녀온 미국 여행길은 힘들었다. 김해공항은 직항 편이 없어 인천국제공항으로 가야 했다. 오전 출발이라 전날 서울로 가 1박을 하고 새벽에 공항 리무진을 탔다. 귀국길엔 파김치가 되었다. 일본 나리타공항을 경유해 인천공항에 도착하니 밤 10시가 훌쩍 넘었다. 장거리 여행에 지친 탓에 서울에서 또 1박을 하고 다음 날 부산으로 왔다.

　서울 사람들은 이런 고달픈 사정을 알 리가 없다. '서울은 일류, 수도권은 이류, 지방은 삼류'라는 말은 이미 틀렸다. 서울은 초일류, 수도권은 일류, 지방은 사류나 오류 처지로 바뀌고 있다. 서울과 지방의 간극은 갈수록 더 벌어지고 있다. '국민 100% 행복 시대'는 그저 공약일 뿐이다. 서울 초집중화 현상의 고착화로 '대한민국=서울'이 굳어지고 있다. 지방은 가뭄에 시드는 논벼 처지다.

　일본에서는 '지방 소멸'이 국가적 화두로 등장했다. 2014년 5월 마스다 히로야 전 총무장관이 이끄는 단체에서 낸 인구예측 보고서가 발단이었다. "이대로 가면 일본 전체 시·구·정·촌(지자체 단위)의 절반인 896개는 소멸한다." 또 '마스다 보고서'는 아무런 정책 조치를 취하지 않는다면 2010년 1억 2천806만 명이던 일본 인구는 2050년 9천708만 명, 2100년 4천959만 명으로 추락할 거라고 예측했다.

　마스다는 일본을 발칵 뒤집어 놓은 이 보고서를 토대로 3개월 뒤

『지방 소멸』이란 책을 발간했다. 그는 인구 감소를 악화시키는 주범으로 수도인 도쿄 한 곳으로만 인구가 집중하는 '극점사회'를 꼽았다. 젊은이들이 떠난 지방은 공동화되고, 도쿄는 몰려든 젊은이들을 "저임금으로 쓰고 버리는" 바람에 결혼·출산 포기자를 양산시키고 있다는 것. 마스다는 '지방 공동화-도쿄 저출산·인구 유입 격감-도쿄 쇠퇴-일본 파멸' 시나리오의 현실화를 막는 해법으로 도쿄 초집중 현상 방지와 광역 블록 단위의 '지방 중핵 도시' 집중 육성을 제시했다.

한국 사정은 일본보다 더 나쁜 편이다. 서울 초집중 현상의 고착화로 지방은 활기를 잃은 지 오래다. 젊은이들이 일자리를 찾아 서울로, 수도권으로 계속 떠나고 있다. 그런데도 정부는 팔짱만 끼고 있다. 일본은 달랐다. '마스다 보고서'가 발표되자 아베 신조 총리가 지방창생본부를 내각에 설치하고 직접 본부장을 맡았다. 전 각료를 이 기구에 참여토록 하여 긴급 대책 마련에 나섰다.

우리도 서울 초집중 완화와 광역권 중추도시 육성을 서둘러야 한다. 대통령을 위원장으로 하는 '지방살리기본부' 같은 총괄기구 구성도 긴요하다. 서울 초집중 완화 차원에서, 정부는 이제 '인천공항 단일 허브화'에 대한 집착을 버려야 한다. '지방 소멸' 방지 차원에서 광역권의 특성을 살려야 하고, 동남권 신공항 입지도 그렇게 결정해야 옳다. 동남권 중추도시인 부산은 물류 중심도시다. 이런 부산을 살릴 최고의 프로젝트는 신공항 건설이다. 제2 허브공항을 부산에 만들어야 한다. 대구·경북이 밀양 신공항을 고집하는 것은 당찮다. 대구·경북은 전자·섬유·철강 산업이 활발하다. 그런 산업 진흥에 정부와 지자체가 힘을 합쳐 활로를 찾기 바란다.

항공수송 기능이 절대적으로 부족한 부산에 신공항을 건설, 육·해·공을 아우르는 '물류삼합(Triport)' 도시로 만들어 크루즈시티(Cruise city)와 초대형 항만도시군(Megaloportpolis)을 건설하면 물류 관광 등 분야에서 약 70조 원의 국부 증가 효과와 37만 개 일자리 창출이 가능하다는 보고서(매일경제신문 '오션 이니셔티브 3대 제언', 2013. 11.)도 이미 나와 있다.

박근혜 대통령은 유라시아 이니셔티브를 주창했다. 그 핵심이 유라시아철도이고 부산은 기점이다. 신공항 후보지 가덕도는 부산신항과 유라시아철도 기점에서 8km 이내에 위치해 있다. 부산신항은 점차 가시화하고 있는 북극항로의 출발점이다. 세계 6위의 항만인 부산은 한·일해협경제권과 환동해권의 거점도시 중 인구가 가장 많은 대도시다. 신공항만 건설되면 부산은 일본 규슈권과 중국 동북3성, 러시아 극동지역을 아우르는 육·해·공 물류 중심도시가 될 수 있다. 이는 국가경쟁력 강화와도 직결된다.

김해공항의 국제선 성장세는 폭발적이다. 하지만 11개국 38개 도시를 잇는 국제선이 모두 동아시아권 노선이다. 미국과 유럽, 중동의 항공사들이 잇달아 직항 노선 취항을 요청하고 있지만 현재 공항으로는 역부족이다. 김해공항은 국내선과 단거리 국제선을, 신공항은 중장거리 국제선을 담당하도록 하는 게 바람직하다. 일본이 걱정하는 '지방 소멸-수도 쇠퇴-국가 파멸' 시나리오 방지 대책은 우리에게도 발등의 불이다. 그 해법 가운데 동남권 중추도시 부산의 최대 관건은 신공항 건설이다. (부산일보, 2015.09.18)

김해국제공항 폐쇄 안 된다

만약 김포국제공항을 폐쇄한다면? 상상이긴 하지만, 그렇게 된다면 어떻게 될까. 서울에서 항공기를 타고 부산, 제주, 광주, 울산 등지로 오가려면 인천국제공항까지 가야 할 것이다. 그 불편을 서울 사람들이 감내할 것인가. 어림도 없을 것이다. 국제선이야 인천공항을 이용해야 하지만, 국내선은 시내에 있는 김포공항이 훨씬 편리하기 때문이다. 그러니 서울 사람들에겐 연간 2천만 명이 이용하는 김포공항을 폐지하겠다는 발상 자체가 얼토당토않은 사안이다.

만약 김해국제공항이 폐쇄된다면? 이건 상상이 아니다. 이미 도마에 올라 있는 화두다. 대구 · 경북 · 경남 · 울산 4개 시 · 도가 김해 · 대구 공항 등 영남권 기존 공항을 폐쇄하고 밀양에 신공항을 건설하자고 목청을 높이고 있다. 정말 그렇게 된다면 부산에서 밀양까지 가서 항공기를 타고 서울로 갈 사람이 얼마나 될까. 부산역에서 KTX를 타는 게 훨씬 나을 것이다. 이런 상황일진대 김해공항 폐쇄를 부산 시민들이 동의할 리 만무하다.

한국 제2도시인 부산이 외면하는 밀양국제공항은 설사 건설되더라도 반쪽 공항이 될 게 뻔하다. 김해지역 산봉우리 20여 개를 무더기로 깎아내야 하는 것도 시한폭탄이다. 내륙 입지여서 소음 공해로 인한 집단민원으로 24시간 운영은 꿈도 꾸지 못한다. 10조 원 넘게 들여 공항을 건설해도 현재 김해공항보다 더 나은 공항이 될 가능성이 없는 것이다. 전 세계 신공항들은 대부분 24시간 운영 공항

부산의 오늘을 묻고 내일을 긷다

서울 사람들 김포공항 폐쇄 상상조차 않아
김해공항도 마찬가지, 백년대계 관문공항 건설을

들로 해안에 입지하고 있다.

대구공항은 이용객이 2013년 108만 명(국내선 94만 명, 국제선 14만 명)으로 김해공항의 14%, 국제선은 겨우 3%에 불과하다. 이런 대구공항은 폐쇄해도 실(失)보다 득(得)이 훨씬 클 수 있다. 그러나 김해공항은 덩치와 격이 다르다. 김해공항은 지난해 이용객이 1천만 명이 넘었다. 전체 이용객은 2009년 687만 명, 2010년 816만 명, 2011년 875만 명, 2012년 919만 명, 2013년 967만 명으로 5년간 연평균 8.1% 늘었다. 김해공항의 도약은 국제선이 견인했다. 국제선 이용객은 2012년 403만 명에서 2013년 447만 명으로 10.9%나 늘었다. 그런데 같이 폐쇄하자고? 얼토당토않은 아전인수다.

김해공항은 분명히 문제가 있다. 항공 수요가 급증하다 보니 활주로 포화상태가 임박하고 있다. 시설 확장이 필수이지만, 신어산·돗대산 같은 북측 장애물로 인한 안전 위협과 소음 민원으로 확장이 어렵다. 관제권과 슬롯(slot·이착륙 횟수) 배정권을 군 공항에서 통제하는 데다 항공기 야간운항 통제(23~06시)도 큰 걸림돌이다. 그래서 나온 게 '부산지역 내 24시간 운영 가능한 신공항' 건설이었다. 박근혜 대통령도 2012년 대선 부산 유세에서 "부산 시민들이 바라는 신공항을 반드시 건설하겠다는 약속을 드리겠다"고 공언했다. 부산 시민들이 바라는 신공항은 당연히 가덕도 신공항이다.

동남권 신공항의 필요성은 2014년 8월 국토교통부가 발표한 항

1장 부산 신공항 건설과 해양허브를 위하여

공수요 용역조사에서도 입증됐다. 국제선 이용객이 폭발적으로 늘어 신공항 건설이 필수적이라는 결론이었다. 그런데도 신공항 건설이 현 정부에서도 지지부진한 데는 대구 · 경북 · 경남 · 울산 4개 시 · 도와 부산 간의 갈등 탓도 있다. 하지만 그 근저에는 복지 확대 등으로 인한 국가 재정난이 발목을 잡고 있다. 지난 정부 때도 경제성을 이유로 백지화했다. 경제적인 신공항 건설이 결국 열쇠다. 경제성을 높이고, 국가 재정난을 덜려면 투입 비용을 최대한 줄여야 한다. 김해공항을 존치하고 가덕도에 활주로 1본의 신공항을 건설하면 6조 원 정도 든다. 4조 원이나 예산을 절감할 수 있다.

세계적으로도 신공항 건설을 위해 기존 공항을 폐쇄하는 사례는 찾기 어렵다. 국내의 인천공항과 김포공항, 전남 무안공항과 광주공항이 좋은 예다. 외국에도 일본의 도쿄 · 오사카 · 나고야, 중국 상하이, 타이완 타이베이, 미국 뉴욕, 프랑스 파리, 영국 런던 등이 2~3개의 신 · 구 공항을 같이 운영하고 있다.

영남 5개 시 · 도지사가 지난 19일 신공항 건설과 관련, 극적인 합의안을 도출했다. 신공항의 조속한 추진을 위해 신공항의 성격과 규모 · 기능 등 사전 타당성 검토 용역에 관한 사항을 정부가 외국의 전문기관에 맡겨 결정하도록 일임하기로 한 것이다. 자칫 무산 위기로 몰리는가 싶던 신공항 문제에 돌파구는 마련한 셈이다. 하지만 용역 과정에서 관문공항의 성격 규정과 입지 선정 명시, 공정

부산의 오늘을 묻고 내일을 긷다

성·객관성 확립 등 예의 주시할 대목이 많다.

앞으로 관건은 정치적 논리를 배격하고 경제적 논리에 치중해야 한다는 점이다. 국가의 백년대계 차원에서 제2 관문공항을 최대한 경제적으로 건설해야 한다. 김해공항 존치를 전제로 한 가덕도 신공항 추진이 경제성 확보의 최고 해법이다. (부산일보, 2015.01.23)

동남권 신공항 입지 혼선 끝내자

동남권 신공항은 아직도 안갯속이다. 이명박 전 대통령의 공약 파기 후유증 탓이 크다. 그는 2011년 3월 신공항 백지화를 선언했다. 대구·경북이 미는 경남 밀양과 부산 가덕도 모두 입지평가 결과 경제성이 없다는 게 이유였다. 그러나 부산의 시각은 달랐다.

백지화 선언은 두 가지 큰 실책과 연관돼 있었다. 신공항 입지 공모와 입지평가 불합리성이다. 신공항 입지 공모는 두고두고 영남 5개 시·도 간 갈등의 뿌리가 되고 있다. 2009년 동남권 신공항 타당성 용역을 맡은 국토연구원은 5개 시·도에 입지를 추천하라고 했다. 이 바람에 '동남권 신공항=가덕도 신공항' 등식이 깨졌다. 대구·경북은 K2 군공항 역외 이전을 염두에 두고 경북 영천 등을 추천했다. 하지만 가덕도와 밀양으로 후보지가 압축되자 갑자기 밀양 지지로 돌아서 집요한 공세를 취했다.

부산은 땅을 쳐야 했다. 1990년대 초반부터 김해공항의 한계를 절감한 부산시는 정부에 '지역 내 신공항' 건설을 촉구해왔다. 가속화 계기는 2002년 4월 15일 166명(사망 129명, 부상 37명)의 사상자를 낸 중국 민항기 돗대산 충돌사고였다. 당시 김해공항은 안전성 평가 결과 충돌위험이 국제민간항공기구(ICAO) 기준보다 무려 29배나 높았다. 운항 제한(23~06시)도 김해공항의 태생적 한계다. 공항 주변 700여 세대 주민들의 항공소음 민원 때문이다. 항공수요

부산의 오늘을 묻고 내일을 긷다

김해공항 한계 넘을 '지역 내 신공항'이 근간
무척산·신어산 절취 땐 김해시민 반발 불 보듯

급증에 따른 활주로 포화, 초대형 항공기 이착륙 불가 등도 공항 발전을 막고 있다. 그 대안이 '24시간 운영 가능한 관문공항'이다.

동남권 신공항의 가장 큰 논란거리인 입지 혼선은 '부산 시역 내 신공항'이란 근간을 외면하는 데서 비롯됐다. 신공항은 김해공항보다 훨씬 나은 공항을 만들자는 것이지, 더 못한 공항이라면 굳이 만들 이유가 없다. 밀양 신공항은 안전성, 소음공해(공항 주변 4천여 세대), 발전성 등 여러 면에서 현재의 김해공항보다도 뒤처진다.

밀양 신공항은 안전성 확보부터 사실상 불가능하다. 입지가 내륙분지로 주변에 항공기 이착륙에 지장을 주는 산이 수두룩하다. 공항을 만들려면 김해 창녕 등의 27개 산봉우리를 30m에서 150m까지 절취해야 한다. 산 정상까지 중장비가 드나들 길을 내야 하고, 공사 기간 내내 엄청난 진동·분진·소음 공해를 감수해야 한다. 최대 피해지역이 될 김해 52만여 시민들이 진산(鎭山)인 무척산과 신어산 등을 중장비가 절취하고 토석 운반차량들이 꼬리를 무는 끔찍한 상황들을 보고만 있겠는가. 환경단체들의 가세도 뻔하다. 밀양 송전탑 사태보다 훨씬 강력한 집단 저항이 우려된다. 대구 팔공산이 그렇게 잘려 나간다면 대구 시민인들 가만히 있겠는가.

2011년 국토부의 입지평가도 허점투성이였다. 신공항의 기능과 개발방향조차 제시하지 않았고, 밀양에 편향된 가중치를 부여했다. 평가 절차의 공정성, 평가 항목의 객관성, 채점 기준의 일관성도 상실했다.

　박근혜 대통령은 지난 2일 국무회의에서 '동남권 신공항'을 지자체 간 평가기준에 대한 합의와 경제논리하에 추진하여 국책사업 갈등 방지의 선례로 만들라고 했다. 영남을 갈라놓는 최대 갈등요인이자 여권의 화약고인 사업인데, 그게 가능할까. 해법은 박 대통령이 제시했다. 박 대통령은 지난 3일 규제개혁 관련 회의에서 "엉켜 있는 실타래를 끊는 가장 빠르고 확실한 방법은 실타래를 딱 끊어 버리는 것"이라고 말했다.

　국토부가 동남권 신공항의 얽힌 실타래를 딱 끊어 버려야 한다. 왜, 어떤 신공항을 만드는지, 기능과 개발방향을 명확히 설정하면 평가기준에 대한 5개 시·도 간 합의를 이끌 수 있다. 밀양 신공항은 27개 산봉우리 절취 난제만으로도 어렵다. 가덕도 신공항은 집단민원에서 자유롭다. 경제논리의 핵심은 항공수요와 공사비다. 최근 국토부 용역 결과 동남권 신공항 수요가 충분한 것으로 나타났다. 공사비는 김해공항을 존치하고 가덕도에 활주로 1본만 건설하면 수조 원의 예산 절감이 가능하다.

　동남권 신공항은 박 대통령의 공약이다. 국토부는 당초 약속했던 9월 중 입지 타당성 조사에 빨리 착수해야 한다. 이번에는 경제논리

부산의 오늘을 묻고 내일을 긷다

하에 용역의 객관성과 공정성을 반드시 살려야 할 것이다. 지방 경쟁력이 국가 경쟁력인 시대, 제2 경제권 육성은 필수적이다. 그 핵심 관건이 동남권 신공항이다. (부산일보, 2014.09.05)

가덕도 신공항 또 가물가물…

"해양수산부 청사는 떠내려가고, 가덕도 신공항도 가물거리고…."

박근혜 대통령 취임으로 '국민행복, 희망의 새 시대'가 시작됐지만, 부산 시민들은 기분이 영 찝찝하다. 시민들이 20년 넘게 염원해온 희망의 불씨가 가물가물하기 때문이다.

지난 대통령 선거를 거치며 부산 시민들은 해양수산부 부활과 가덕도 신공항 건설을 양대 숙원사업으로 내세웠다. 해양수산부는 5년 전 없어질 때의 기능만 단순 복원한 '도로 해수부'라는 비판도 무성하지만, 아무튼 되살아났다는 점에서 분(憤)이 반(半)은 풀린 셈이다.

해수부의 기능강화가 우선이었기에 청사 입지는 박 대통령의 결단을 기다리자는 여론이 강했다. 그는 대선 유세 때 해수부 청사 입지로 부산을 적극 검토하겠다고 했다. 하지만 대통령직인수위원회는 아무런 여론 수렴도 없이 해수부 청사를 세종시로 결정했다. 시민들은 큰 배신감을 느꼈다.

게다가 가덕도 신공항마저 뒤흔들리고 있으니 기가 찰 노릇이다. 박 대통령은 '동남권 신공항 건설' 공약과 관련해 부산 유세 때 분명히 말했다. "최고 전문가들이 객관적인 평가를 거쳐 부산 가덕도가 최고 입지라고 한다면 당연히 가덕도로 할 것이다. 부산 시민들이 바라는 신공항을 반드시 건설하겠다는 약속을 드리겠다."

부산의 오늘을 묻고 내일을 긷다

부산 시민들이 바라는 신공항은 어디인가. 단연코 가덕도 신공항
이다. 전제 조건인 '최고 전문가들의 객관적 평가'만 충족되면 동남
권 신공항은 가덕도에 건설돼야 옳은 것이다. 부산시는 이미 이 전
제조건을 검증하기 위해 새 정부가 가덕도의 신공항 최고 입지 여
부를 가리는 외부 전문가 용역을 우선 시행해 달라고 건의를 해 놓
았다.

박 대통령의 공약에도 불구하고, 얼마 전 대통령직인수위는 '박
근혜 정부 5대 국정목표, 21개 국정전략, 140개 국정과제' 발표에서
신공항을 빼 버렸다. 인수위 측은 포화상태에 이른 지방 거점공항
문제에 대한 기자들의 추궁에 "신정부가 출범하면 좀 더 점검할 것"
이란 궁색한 변명만 했다.

새누리당 황우여 대표도 찬물을 끼얹었다. 황 대표는 지난달 21
일 제주에서 "신공항 건설 요구가 봇물 터지듯이 나오고 있는데, 제
주신공항 건설을 가장 우선순위에 두겠다"고 밝혔다. 황 대표는 또
"지난 대선에서 제주도민은 50%가 넘는 지지를 박근혜 당선인에게
보내줬다. 이는 박 당선인이 누구보다도 공약을 잘 지키리라는 제
주도민들의 믿음이 담긴 것이다. 이에 보답하기 위해서라도 당 차
원에서 공항 공약을 점검하고 추진해 나가겠다"고 했다.

참 이해할 수 없다. 지난 대선 때 박 대통령은 제주에서 16만 6천
184표, 50.46% 득표를 했다. 부산은 132만 4천159표, 59.82 득표였

다. 박 대통령에게 '몰표'를 준 부산은 황 대표의 안중에 없었다. 부산 시민들은 공약을 잘 지키리라는 믿음 없이, 그냥 무작정 좋아서 박 대통령에게 몰표를 줬을까. 김해공항 대체 신공항 건설에 대한 시민들의 오랜 염원을 '원칙과 신뢰의 정치인'으로 정평이 난 박 대통령이 이루어 주리라는 믿음 때문이 아니었던가.

국토부도 고춧가루를 확 뿌렸다. 김해공항 보조활주로 추진과 관련된 용역을 해 온 사실이 엊그제 드러났다. 9천600억 원의 예산을 들여 기존 활주로 서편에 길이 2천700m의 보조활주로를 건설하면 김해공항을 앞으로 20년 정도 더 운영할 수 있다는 것이다. "신공항 백지화 수순 아니냐"는 시민들의 비판이 쏟아졌다. 국토부는 기존 활주로의 항공기 이착륙 횟수를 늘리는 용역이며, 보조활주로는 장기 검토 사안으로 신공항과는 무관하다고 해명했다.

그러나 부산 시민들은 신공항 트라우마(trauma)가 있다. 이명박 전 대통령이 대선 공약이었던 동남권 신공항 건설을 백지화하는 바람에 큰 충격을 받았고, 절망과 좌절의 아픔이 여태 이어지고 있는 것이다. 박 대통령의 공약으로 다시 희망을 품었던 시민들은 "새 정부가 신공항을 사실상 포기한 것 아니냐"는 의구심을 떨칠 수 없다. 박 대통령이 직접 나서서 동남권 신공항 건설에 대한 로드맵 착수를 지시해야 한다. 새 정부 출범 초기에 결단을 내리지 않고, 어영부영 시간을 끌 경우 지역 간 갈등이 재발되고 국민 통합도 해칠 게 뻔하다.

　박 대통령이 취임하던 날 2천25개의 종이비행기가 부산시청 광장을 수놓았다. 종이비행기에는 '국민 대통합 대통령, 박근혜 대통령 취임을 축하드립니다'와 '360만 부산시민 염원, 가덕도 신공항 건설'이란 문구가 실렸다. '2천25개'란 숫자엔 2025년 가덕도 신공항 개항의 꿈을 담았다. 부디 박 대통령이 '순정을 다 바쳐서 믿고 또 믿어 온' 부산 시민들의 염원을 저버리지 않길 바란다. (부산일보, 2013.03.01)

가덕도 신공항, 과연 포퓰리즘인가

문 : 10년이면 강산도 변한다. 강산이 두 번 넘게 변한 20여 년 동안 부산 시민들이 신공항 건설에 한결같이 매달리고 있는 이유는 무엇인가?

답 : 부산의 미래가 신공항에 달려 있기 때문이다.

1990년대부터 시작된 신공항 건설 운동은 장기간 정체된 부산의 미래를 열기 위해 돌파구를 찾아보려는 시민들의 처절한 몸부림이다. 왜 상공인들까지 함께 나서 촛불집회를 하고, 시민단체들이 대선 공약을 하지 않는 후보의 낙선운동을 전개하겠다고 목청을 돋우는가. 이번 기회를 놓치면 또 5년을 기다려야 한다는 절박감 때문이다.

부산의 경제력은 전국 비중이 줄곧 내리막이다. 수출은 1973년 전국 비중이 29.2%였으나 2010년 2.7%로 뚝 떨어졌다. 지역내총생산(GRDP)도 2010년 전국 비중이 5.0%에 그쳐 인구의 전국 비중 7.1%에 못 미치고 있다. 항만물류는 발달했지만, 항공물류는 보잘 것없다. 김해공항이 인천공항에 아예 비교조차 안 될 정도로 용량이 처지기 때문이다.

김해공항은 최근 5년간 국제선 이용객이 연평균 10.2% 늘고, 매년 600억 원대의 흑자도 내고 있다. 하지만 시설이 이용객 증가 속도를 따라가지 못해 머잖아 포화상태에 이르게 된다. 게다가 소음 민원과 군 비행장 겸용 탓에 하루 7시간이나 야간비행이 금지되고,

부산+동남권 미래 열고 국가균형발전도 촉진
기득권 세력, 지역 숙원사업 절박감 헤아려야

주변 산지 때문에 항공기 안전까지 위협받고 있다. 부산 시민들이 안전하고 24시간 운항 가능한 가덕도 신공항 건설을 열망하는 이유가 여기에 있다.

가덕도 신공항이 건설되면 부산은 세계적인 물류허브들처럼 '항만+항공 물류' 조건을 갖춰 동북아 물류허브로 도약할 수 있다. 신공항은 동남권, 나아가 영남권에도 물류와 관광 등 여러 측면에서 시너지효과를 가져올 게 명확하다. 국가 차원에서도 급증하는 중국 관광객들을 끌어당길 저비용항공사 허브공항 건설은 발등의 불이다. 세방화(세계화+지방화) 시대 광역경제권 육성은 필수다. 수도권만으로 국가 간 경쟁에서 버티기 어렵다. 동남권을 살려야 한다. 가덕도 신공항이 관건이다. 신공항 건설에는 통상 10여 년이 걸린다. 차기 정부 출범과 함께 사업을 바로 시작해야 한다.

일부 중앙 언론들은 가덕도 신공항 건설을 지역 포퓰리즘으로 비판한다. 2011년 3월 이명박 정부가 백지화한 사업에 다시 막대한 재정을 투입해서는 안 되며, 꼭 하려면 지방정부 스스로 재원을 조달하라고 목소리를 높이기도 했다. 입지 및 타당성 조사 과정이 공정하지 못했고, 경제논리는 뒷전인 채 정치논리로 백지화 결정이 나고 말았다는 부산 시민들의 분노와 절망감은 안중에 없었다.

대선을 맞아 지역마다 숙원사업들을 공약화해 달라는 요구가 터져 나오고 있다. 그만큼 비수도권이 낙후됐다는 증좌다. 물론 국가

예산이 한정돼 있는 만큼 표를 노린 선심성 공약을 남발하는 포퓰리즘을 경계해야 한다는 지적 자체는 '지당한' 말이다. 문제는 중앙기득권 세력들의 편향된 시각이다. '인천공항이 허브공항 역할을 잘하고 있는데, 무슨 제2 허브공항이란 말이냐'는 아집이 대표적이다. 인천공항을 지자체 예산으로 건설했는가. 수도권에서야 인천공항을 이용하면 편하다. 그러나 비수도권은 인천공항 이용에 엄청난 불편을 겪고 있다. 국민 통합이 되려면 기득권세력이 '그들만의 리그' 바깥으로 나와 소외집단의 아픔을 보듬어야 한다. 비수도권이 지역 숙원사업에 왜 그토록 목을 매는지 헤아려야 한다.

우리나라는 중앙집중 현상이 너무 심하다. 수도권은 인구 집중과 함께 100대 기업 본사 91%, 공공기관 85%, 벤처기업 70%가 몰려 있다. 지방위축 현상이 심화될 수밖에 없는 구조다. 지방은 일자리 수가 부족하고, 일자리 질이 떨어지고, 삶의 질이 덩달아 떨어지고 있다. 서울 사람들은 1등 국민, 경기·인천 수도권 사람들은 2등 국민, 비(非)수도권의 지방 사람들은 3등 국민이라는 말이 그냥 나온 게 아니다.

3등 국민이 1등 국민과 똑같은 권한을 행사할 수 있는 기회가 있다. 바로 선거다. 대통령은 국민의 보통·평등·직접·비밀선거로 뽑힌다. 대선주자들이 실천도 못할 장밋빛 지역 공약을 남발하라는 게 아니다. 수도권과의 격차 심화로 인한 상대적 박탈감과 삶의 질

부산의 오늘을 묻고 내일을 긷다

저하에 대한 비수도권의 분노를 새기고, 국가균형발전을 핵심 국정 과제로 추진해 달라는 것이다. 지방정부의 자치권한을 대폭 강화하자는 지방분권형 개헌 요구도 그 연장선상에 있다.

대선이 꼭 19일 남았다. 부산 시민을 비롯한 비수도권 국민들에게 대선은 특히 의미가 크다. 국가의 발전을 염원하는 국민으로서의 역할과 함께 생존의 터전인 지역의 발전을 도모해야 하는 시민의 책무 사이에서 깊이 고민하고, 한 표의 가치를 소중히 여길 필요가 있다. (부산일보, 2012.11.30)

올림픽 오심과 가덕도 신공항

신아람이 영국 런던에서 하염없이 흘린 눈물을 우리는 오래 기억해야 한다. 2012년 7월 31일 새벽 런던 올림픽 펜싱 경기장. 여자 펜싱 에페 준결승에서 '고무줄 1초'의 오심으로 그는 승리를 도둑맞았다. 무승부가 될 경우 이기는 우선권을 그가 쥔 상황에서 스코어는 5-5, 1초만 지나면 결승에 진출할 수 있었다. 상대 독일 선수가 거푸 공격을 했는데도 점수를 따지 못했고, 전광판 시간이 0으로 변하며 경기가 끝났다. 이때 어처구니없는 일이 벌어졌다. 주심이 아직 1초가 남았다며 다시 대결을 지시했고, 전광판 시간도 1초로 바뀌었다. 그는 끝내 5-6으로 패하고 말았다.

올림픽을 준비해 온 4년, 그가 선수생활을 해 온 13년의 땀이 '1초 오심'에 강탈당했다. 억장이 무너진 그는 경기장에 주저앉아 1시간이나 눈물을 펑펑 쏟았다. 올림픽 정신을 저버린 오심은 그에게 잊을 수 없는 상처를 남겼다. 밤잠을 설치며 TV 중계를 지켜본 국민들도 분통을 삭이지 못했다.

조준호 역시 2012년 7월 29일 남자 유도 66kg급 8강전에서 심판위원장이 심판들의 3 대 0 판정을 뒤집는 바람에 승리를 빼앗겼다. 박태환도 2012년 7월 28일 수영 남자 자유형 400m에서 석연치 않은 실격 논란 때문에 컨디션 조절에 실패해 결국 금메달을 놓치고 말았다.

왜 한국이 유독 판정 논란에 많이 말려드는가. 종목별 국제 경기

연맹을 장악한 전통 스포츠 강국들의 텃세 탓이 크다. 펜싱의 발원지인 유럽에서는 유럽 외 국가 선수가 펜싱에서 우승하는 것을 불편해하는 '유럽중심주의'가 뿌리 깊다. 유도 역시 종주국 일본의 입김이 강하다. 수영은 미국, 프랑스 등 서구 선진국이 오랫동안 득세해 왔다. 이들 국가는 전통적으로 자신들이 강세를 보인 종목에 한국이 치고 들어오자 견제심리를 발동했다는 분석이다.

한국이 앞으로 오심의 희생양이 되지 않으려면 종목별로 국제심판 같은 전문인력을 적극 양성해 세계무대로 많이 진출시키고, 스포츠 외교력을 강화해 국제 경기연맹들과 관계를 돈독히 유지하는 등 총체적인 스포츠 국력을 키워야 한다는 지적이 많다. 아예 군말이 나오지 않도록 선수들의 경기력을 더욱 더 향상시키는 노력도 당연히 계속돼야 한다.

런던 올림픽의 잇단 오심 소동에 동남권 신공항 논란이 자꾸 오버랩되는 건 무슨 까닭인가. 부산을 찾은 여야 대선주자들이 속속 신공항에 대한 입장을 밝히면서 '동남권 신공항 백지화=오심'이라는 각성이 이심전심 되살아나고 있기 때문인가. 2011년 3월 이명박 대통령이 동남권 신공항을 백지화하면서 대국민사과를 했지만, 부산 시민들이 입은 상처는 크고도 깊었다. 집권세력의 텃세 때문에 20여 년에 걸친 신공항 꿈이 무산됐다는 생각도 이때 굳어졌다. 가덕도와 밀양, 두 후보지 모두 경제성이 모자란다는 정부 발표는 짜

맞추기 식 명분에 불과했고, 실제로는 밀양을 민 대구·경북의 파워에 밀렸다는 게 부산 시민들의 회한이다.

김해국제공항의 확장 이전은 부산의 숙원이었다. 공항시설이 폭증하는 승객 수요를 감당하기 버거웠고, 주변 산지는 항공기 이착륙의 안전성을 위협했다. 공군 비행장과 함께 쓰다 보니 24시간 운영도 불가능했다. 이런 문제점을 타개하기 위해 부산시는 1990년 무렵부터 시역 내 신공항 건설에 공을 들였다. 그 결과물이 가덕도 신공항이다.

그런데 또 암초를 만났다. 부산 정치권 주도로 가덕도 신공항을 염두에 둔 '부산국제공항공사법안'이 지난달 16일 국회에 발의되자 기다렸다는 듯이 대구·경북 정치권 중심으로 '남부권신공항 건설 촉진법안'과 '남부권국제공항공사법안'을 같은 날 발의했다. 이대로 가면 또 대구·경북에 의해 발목이 잡힐 판이다. 여기다 수도권 언론들은 나라 경제가 어렵다는 구실로 신공항에 부정적인 보도를 일삼는다.

올림픽 오심 극복 방안에서 해법을 찾아보자. '국제심판' 격인 국내외 공항 전문가들에게 가덕도의 장점을 적극 알려 우군 세력화하자. 동남권, 남부권 같은 국내 차원을 벗어나 저비용항공사(LCC)들의 동아시아 허브공항으로 만들어 일본 규슈지역의 승객은 물론 폭발적으로 늘고 있는 중국의 해외여행 수요를 흡수하는 통 큰 글로벌 전략을 구사하자.

　이 대통령은 동남권 신공항 건설 공약을 팽개쳤다. 유력 대선주자들이 가덕도 신공항을 공약하면 좋겠지만, 무작정 믿어서는 안 된다. 차기 정부의 정책 및 예산 반영이 관건이긴 하지만, 그게 전부는 아니다. 설사 중앙정부가 외면하더라도, 10년이 걸리든 20년이 걸리든 부산 스스로의 힘으로 신공항을 건설하겠다는 불굴의 의지를 다지자. 시장을 비롯한 지역 리더들부터 어금니를 깨물어야 한다. 그만큼 가덕도 신공항은 부산의 미래에 절박한 과제다. (부산일보, 2012.08.03)

부산항 '수리조선' 딜레마

부산항과 싱가포르 항. 싱가포르 항은 위기의 부산항이 벤치마
킹해야 할 항만이다. 컨테이너 처리 실적 기준으로 싱가포르 항은
부동의 세계 2위다. 부산항은 2003년부터 2013년까지 5위였으나
2014년 들어 6위로 미끄러졌다. 거세게 추격해 온 중국 닝보-저우
산 항에 밀렸다. 6위 자리마저 위태롭다. 세계 7, 8위인 중국 칭다오
항과 광저우 항의 물동량 증가 속도가 부산항보다 빠르다. 이제 부
산항은 물량 중심의 양적 성장에서 고부가가치 창출의 질적 성장으
로 전환해야 할 시점이다.

싱가포르 항은 대표적인 고부가가치 항만이다. 세계 1위 환적화
물 처리항이다. 항만 내에서 배만 바꿔 제3국으로 가는 환적화물은
부가가치가 높다. 도로 혼잡 유발 없이 항만사용료 하역료 등을 고
스란히 챙길 수 있다. 부산항도 환적화물 처리 3위 항만이다. 올해
부산항의 환적화물 비중은 개항 이래 처음으로 50%가 넘을 태세
다. 중국 항만들의 도전을 딛고 이런 호조세가 쭉 이어지도록 정부
의 다각적인 지원 대책이 절박하다.

싱가포르 항은 수리조선, 벙커링(급유), 선용품 공급 등을 통해서
도 부가가치를 높이고 있다. 수리조선 매출은 연간 40억 달러가 넘
는다. 중대형 선박 수리를 위한 독(dock)이 17기나 있는데, 2016년
완공 목표로 3기를 더 짓고 있다. 대규모 벙커링 시설 구축과 선용
품 시장 활성화도 돋보인다. 입출항 선박들에 대한 연료유 및 선용

품 공급으로 고수익을 얻고 있다.

반면 부산항은 유류공급기지가 없다. 소형 선박이 연료유를 싣고 가서 해상급유를 하고 있는 실정이다. 부산항 신항에 유류중계기지 건설을 도모했지만, 부지하세월이다. 차세대 연료인 LNG(액화천연가스) 벙커링 시설까지 감안한 유류중계기지 건설을 서둘러야 한다. 2012년 8월 건립된 영도구 남항동 부산항국제선용품유통센터의 국제 경쟁력 강화도 중요하다.

부산항 고부가가치화의 핵심 관건은 수리조선산업 육성이다. 국내에는 부산 12개, 통영 15개 등 80여 개 수리조선소가 있지만 대부분 소규모다. 3만 톤급 이상 대형 선박을 수리할 수 있는 업체는 아예 없다. 2만 5천~3만 톤급 선박 수리조선업체도 부산 1개 사뿐이다. 대신 부산에는 선박 수리 관련업체들이 880여 개 있다. 기술력은 높지만 거의 직원 10명 미만의 영세 업체들이다. 이렇다 보니 부산항을 찾는 대형 선박들은 수리를 위해 중국 싱가포르로 가고 있다. 이렇게 국내에서 해외로 빠져 나가는 선박 수리비가 연간 5천억 원 이상이다.

정부는 2009년 부산항 신항 동방파제 안쪽에 대형 수리조선단지 건립을 계획했다. 하지만 선박 통항 안전성 논란 등으로 5년여를 허송했다. 2013년에야 동방파제 바깥 남쪽인 가덕도 백옥포 일대로 입지를 변경했다. 면적이 크게 확대됐고, 수리 독도 2기에서 4기로 늘었다. 해경 정비창도 인근에 옮기려고 한다. 계획대로 사업이 추진되더라도 항만기본계획 변경, 민자사업자 선정, 기본 설계 등의 절차를 거치면 2020년께나 완공이 가능하다. 더 이상 차질이 없도록 정부가 발 벗고 나서야 한다.

더 큰 걱정거리는 중소형 수리조선단지 조성 문제다. 선박 수리 관련업체들이 몰려 있는 영도와 감천항 일대는 부지가 좁고 수심도 얕다. 더 이상 확장이 어렵다. 선박 수리 관련업체들은 북항 우암부두와 감만부두의 유휴선석을 활용하자고 주장한다. 하지만 민원 발생 우려와 항만 근로자들의 반발, 해양경제특구 추진 등과 맞물려 있다. 부산시와 부산항만공사가 부정적이다. 이해 당사자들을 두루 만족시킬 최적지는 찾기 어렵다. 대형 수리조선단지와 해경 정비창 예정 부지 사이에 중소형 수리조선단지를 조성하는 방안이 차선책은 돼 보인다. 대형 및 중소형 수리조선단지 공동추진 컨소시엄이 구성되면 수리조선 클러스터 형성이 가능해질 것이다.

부산시의 딜레마가 깊어지고 있다. 수리조선산업 육성은 부산항의 고부가가치화에 필수적이다. 고용·생산 유발효과도 커 지역경제 활성화와 직결된다. 정부와 부산시가 추진 중인 '부산항 미항(美港) 만들기' 프로젝트의 성패도 선박 수리 관련업체들의 이전에 달렸다. 하지만 당사자들 간 이해관계가 얽혀 있는 데다, 수리조선단지 조성도 쉽지 않다. 부산시와 정부, 관련 업체들이 솔로몬의 지혜를 발휘할 수 있을 것인가. (부산일보, 2014.11.28)

부산의 오늘을 묻고 내일을 긷다

웰 컴 투 부산, 해양금융!

웰 컴 투 부산! 참 먼 길을 돌아왔다. 그런 만큼 더 반갑다. 부산 시민들과 해운업계가 간절히 바라고 기대했던 옥동자는 아닐지 모른다. 하지만 해양금융 활성화라는 숙원을 풀어 나갈 역사적인 탄생이다. 나흘 전 문현금융단지 내 부산국제금융센터(BIFC)에서 업무를 시작한 해양금융종합센터 이야기다.

해양금융종합센터는 우리나라 선박금융을 전담하다시피 해 온 3개 정책금융기관(수출입은행, 산업은행, 무역보험공사)의 관련 부서들을 한군데 모은 협업체다. BIFC 20~22층에 둥지를 튼 센터의 조직과 인력은 3본부 5부 14팀, 77명이다. 여신 담당 인력들이 먼저 왔다. 올해 연말 조사 · 기술 · 법률 관련 인력들이 합류하면 3본부 7부 21팀, 100명 규모로 조직이 커진다.

직장인이 생활 근거지를 옮기는 것은 어려운 결정이다. 그것도 본사가 있는 수도 서울을 떠나 지방으로 이전할 때는 더욱 그럴 것이다. 정부 방침에 따른 이전이지만, 낯설고 물선 도시에 정을 붙이기란 쉽지 않을 터이다. 부산으로 온 3개 기관의 조직과 인력을 따뜻하게 환영하는 첫 번째 이유도 여기에 있다.

해양금융센터는 우여곡절 끝에 탄생했다. 부산 문현지구는 이명박 정부 때인 2009년 1월 '해양 · 파생금융 중심지'로 지정되었다. 파생금융은 부산에 터 잡은 한국거래소가 담당했다. 하지만 해양금융 중심지 역할은 요원했다. 2012년 7월 이진복 새누리당 의원 등이 '한국선박금융공사법'을 발의하면서 전환점이 마련됐다. 그해 12월 제18대 대통령 선거를 앞두고 당시 박근혜 새누리당 후보가 공약으로 채택하면서 선박금융공사 부산 설립이 동력을 얻게 됐다.

그러나 박 대통령 취임 이후 정부는 WTO(세계무역기구) 규정 위배 등을 내세워 부정적 기류로 돌변했다. 그 와중에 해양수산부와 해운업계를 중심으로 해운보증기금(규모 2조 원) 설립안이 나왔다. 부산에서는 '꿩 대신 닭'이라고, 선박금융공사(자본금 2조 원) 설립이 어렵다면 정책금융공사를 부산으로 이전하자는 대안을 주장했다. 이 대안은 정부의 정책금융기관 재편에 밀려 물거품이 됐다. 결국 정부 측과 부산 국회의원들 간의 줄다리기 끝에 해양금융센터와 해운보증기구 부산 설립으로 귀착됐다. 용두사미라는 비판이 거셌다. 해양금융센터는 단일 조직이 아닌, 3개 기관의 관련 부서와 인력을 한군데 모아 놓은 협업체요, 해운보증기구는 기금 규모가 5천 500억 원으로 격감했으니, 그럴 만도 했다.

해양금융센터에서 동거하게 된 3개 기관의 해양금융 여신 잔액은 2013년 말 기준 59조 원이다. 하지만 갈 길이 멀다. 국내 선박금융의 경우 세계 조선 1위, 해운업 5위권 위상과 달리 세계 비중이 6% 안팎에 그치고 있다. 해양금융센터 출범을 계기로 3개 기관은 조선·해운 부문의 선박금융 지원 규모 확대는 물론 취급 영역도 항만·물류, 해양플랜트·기자재 등으로 늘려 가야 할 것이다. 해양금

우여곡절 끝에 해양금융종합센터 업무 가동
부산 금융중심지 도약, 센터 활성화에 달려

융센터가 활성화돼야 부산이 아시아 해양금융의 메카로 도약하는
발판을 마련할 수 있다. 3개 기관의 부산 입성을 환영하는 두 번째
이유다.

한편으로 해양금융센터에 대한 우려가 큰 것도 사실이다. '한 지
붕 세 가족'의 별도 조직인 만큼 협업이 쉽지 않다는 점이 우선 걱
정된다. 3개 기관은 원활한 협업을 위해 본부장 간 해양금융협의회
및 실무협의회를 운영하고, 고객 창구 단일화를 위해 '원스톱 상담
지원 센터'도 가동한다. 대한민국 해양금융의 사령탑이라는 자부심
과 긍지로 최상의 협업 체제를 구축하기 바란다. 3개 기관의 본사
가 서울에 있는 만큼 자율성에 대한 걱정도 적지 않다. 3개 기관은
각자 부행장, 부사장을 본부장으로 상주시켜 일정 규모의 여신 전
결권과 센터 내 인사·예산·조직 등 상당한 권한을 부여할 방침이
라고 하니 일단 믿음을 갖고 지켜보는 게 어떨까 싶다.

우리나라 해양금융 활성화와 해양산업 발전, 부산 금융중심지 성
장은 해양금융센터의 성공적 운영 여부에 달려 있다. 정부와 부산
시도 해양금융센터가 '미운 오리 새끼'가 아니라 아름다운 백조가
되도록 협조와 지원을 아끼지 않아야 할 것이다. 더불어 정부의 출
연금 약속 위반으로 안개가 자욱한 해운보증기구의 조속한 기능
발휘에도 적극 신경을 써야 마땅하다. (부산일보, 2014.10.03)

해양금융중심지 부산의 꿈과 과제

부산은 우리나라 제2도시다. 하지만 세계시장에 주력산업이라고 내세울 만한 산업이 없고, 인구도 갈수록 줄고 있다. 부산의 위축은 지방 전체의 위기를 대변한다. 인구의 과반을 차지하는 비(非)수도권은 경기 침체 장기화로 활력을 잃고 있다. 지방 경쟁력이 국가 경쟁력을 좌우하는 세방화(세계화+지방화) 시대라는 말이 무색할 지경이다.

경제대국들은 수도권과 비수도권이 균형발전을 이루고, 1위와 2위 경제권이 공존하고 있다. 미국은 뉴욕과 로스앤젤레스, 중국은 베이징과 상하이, 일본은 도쿄와 오사카 광역권이 경제 성장과 국가발전의 주축이 되고 있다. 지방분권의 오랜 전통을 지닌 독일은 아예 우리 같은 '중앙'과 '지방'의 개념이 없다. 수도 베를린은 단지 정치·행정 중심지일 뿐이다. 대신 뮌헨은 경제, 프랑크푸르트는 금융과 거점공항, 함부르크는 무역과 항만, 하이델베르크는 교육의 중심지 역할을 하고 있다.

반면 우리나라는 과도한 수도권 일극체제다. 제2도시 부산이 포진한 동남권마저 수도권에 비해 너무 처진다. 다른 광역권은 두 말 할 필요도 없다. 비정상의 정상화를 위해 부산과 동남권부터 일어서야 한다.

항만도시 부산은 동북아의 물류허브, 해양수도를 꿈꾸고 있다. 하지만 컨테이너 처리 실적 기준으로 부산항은 세계 5위 항만에서

2014년 중국 닝보-저우산항에 밀려 6위로 떨어질 상황이다. 해운업체들도 부산항을 통해 수익을 창출하고 있지만 본사는 거의 서울에 있다. 부산에 본사를 둔 항만물류 관련업체들은 대부분 영세하다. 인근 울산과 경남 거제의 세계적 조선소들에 기댄 조선기자재와 해양플랜트 산업이 부산의 제조업을 이끌고 있지만, 해운경기 변동에 따른 부침이 심한 편이다. 이처럼 체질이 취약한 부산 경제를 살릴 회심의 카드는 무엇인가?

해양금융이 우선순위 유력 카드다. 금융은 경제의 핏줄이다. 해양금융은 해운·조선업계에 긴요한 자금을 수혈해 주는 핏줄 역할을 한다. 부산은 2009년 1월 남구 문현지구가 '해양·파생금융 중심지'로 지정되었다. 파생금융은 이미 부산에 본사를 둔 한국거래소가 제 몫을 해왔다. 하지만 해양금융은 오랫동안 태기가 없었다. 돌파구가 열린 것은 2012년 7월 이진복 새누리당 의원 등이 '한국선박금융공사법'을 발의하면서부터다. 제18대 대통령 선거에 앞서 박근혜 새누리당 후보는 선박금융공사 부산 설립을 대선 공약으로 채택했다.

그러나 호사다마(好事多魔)였던가. 문현지구의 상징인 부산국제금융센터(BIFC)는 건물 층수를 착착 올려갔지만, 선박금융공사 설립은 암초에 부딪혔다. 박 대통령 취임 이후 정부의 관련부처는 WTO 규정 위배 등을 내세워 부정적인 입장을 고수했다. 그런 논란

중에 해양수산부와 해운업계를 중심으로 해운보증기금 설립안이 불거져 나와 양자택일, 병행 추진 등의 혼선이 빚어졌다. 정책금융공사 부산 이전 방안도 나왔지만, 정부의 정책금융기관 재편에 밀려 물거품이 됐다. 부산 시민들의 여론은 악화일로였다. 다급해진 정부 측과 부산 국회의원들 간의 줄다리기 협상 결과 해양금융종합센터와 해운보증기구 부산 설립으로 귀착됐다.

부산지역에서는 용을 그리려다 뱀을 그리고 말았다는 비판이 거셌다. 해양금융종합센터는 수출입은행, 산업은행, 무역보험공사 3개 국책금융기관의 해양금융 관련 부서와 인력을 한군데 모아 놓은 협업 조직인데다, 해운보증기구는 기금 규모가 5천500억 원으로 격감했기 때문이었다. 이런 사연을 안고 해양금융종합센터가 2014년 9월 29일 BIFC 20~22층에 둥지를 틀었다.

우리나라는 조선 세계 1위, 해운업 5위권 위상에 비해 선박금융의 글로벌 비중이 미미한 편이다. 세계 선박금융은 전통적으로 유럽 금융기관들이 주도해왔다. 그러나 2008년 미국발 세계 경제 위기와 뒤이은 유럽 재정 위기로 선박 건조 강국인 한국, 중국, 일본에 선박금융을 강화하라는 압력이 거세졌다.

중국과 일본은 이러한 글로벌 압박에 부응하여 선박금융 비중을 키웠지만, 한국은 행보가 매우 더뎠다. 해운업계가 심각한 유동성 위기에 직면했으나, 국내의 상업 금융기관들은 되레 선박금융을 외면했다. 이로 인해 많은 해운업체들과 중소 조선업체들이 큰 타격을 받았다. 정책금융기관들이 국내 선박금융을 전담하다시피 했지만, 주로 대형 조선업체의 선박수출 지원용에 그쳤다.

　해양금융종합센터의 책무는 막중하다. 출범의 온기가 조선·해운 부문은 물론 항만·물류, 해양플랜트·기자재 부문 등에도 두루 미칠 수 있도록 해양금융 지원 규모를 확대해 나가야 한다. 수출입은행이 10월 중 1조 원 규모의 에코쉽 펀드(Eco-ship fund)를 조성, 벌크선과 컨테이너선 발주 지원에 나서고 산업은행이 중견·중소 해운업체를 지원하기 위해 10억 달러 규모의 선박펀드를 연내 조성기로 한 것은 이런 방향에 부합한다. 앞으로 3개 국책금융기관 간의 공조체계 강화, 서울 본사로부터의 자율성과 독립성 확대 등을 통해 해양금융종합센터가 보다 활성화되기 바란다.

　손바닥은 마주쳐야 소리가 난다. 해양금융종합센터와 짝을 이룰 해운보증기구 설립을 가속화해야 한다. 당초 정부는 한국해운보증 출범 첫해 1천억 원을 출자하겠다고 약속했다. 그러나 내년도 정부 예산에 300억 원만 배정했다. 한국해운보증은 선박 프로젝트에 대해서 후순위 대출 보증, 토니지 뱅크(Tonnage Bank) 운영 지원, 지분투자에 대한 후순위대출 보증 등을 담당한다. 해운업계는 반듯한 한국해운보증의 출범을 학수고대하고 있다.

　해양금융 전문인력 양성도 중요하다. 부산국제금융연수원이 개

원하고 한국해양대학교가 해양금융대학원 과정을 운영하고 있으나 미흡하다. 해양금융과 파생금융에 특화된 고급 전문인력을 많이 배출하기 위해서는 진척이 지지부진한 부산금융전문대학원 설립에 속도를 내야 한다.

또한 해운·조선·금융을 아우르는 해양종합정보서비스 체계 구축을 도모하는 해운거래소 설립 역시 서두를 필요가 있다. 최고 지방은행인 부산은행도 전담 부서를 신설하는 등 해양금융 강화에 나서야 할 것이다.

삼성전자, 현대자동차가 쌍두마차인 우리나라는 선진국과 중국의 틈에 끼여 성장 정체에 빠져들고 있다. 내수 침체도 심각한 상황이다. 육상경제의 한계가 아닌가 싶다. 바다로 눈을 돌려야 한다. 조선, 해운은 물론 해양 플랜트·바이오·관광·자원개발 등을 아우르는 신(新)해양경제에서 새 성장동력을 찾아야 한다. 해양금융은 신해양산업 발전의 윤활유다. 정부 차원에서 해양금융 육성에 더욱더 진력해야 하는 이유가 여기에 있다.

부산은 항만시설이란 하드웨어와 해양금융이란 소프트웨어가 조화를 이루는 동북아 해양허브를 지향하고 있다. 신항만 확장에 이어 해양금융종합센터 가동으로 그 꿈은 성큼 현실화되고 있다. BIFC에는 금융관련 기관을 비롯한 다수의 공기업이 속속 입주하고 있다. 갈 길이 멀지만, 시작이 반이라고 했다.

해양금융종합센터 출범을 계기로, 부수적인 과제들을 잘 해결하여 부산이 동북아 해양금융중심지로 도약함은 물론 우리나라를 선진부국으로 이끌 신해양산업 발전을 선도하길 기대한다. (부산경제진흥원 부산국제금융도시추진센터 'inside 부산금융' vol.10, 2014년 10월호 권두칼럼)

왜 '영도조선소 살리기'인가

'뿌리 깊은 나무는 바람에 흔들리지 않는다'고 했다. 우리나라 조선산업은 세계 1위다. 현대중공업, 삼성중공업, 대우조선해양 등 세계 빅3 조선업체가 동남권에 포진하고 있다. 글로벌 경기 침체의 영향을 받긴 하지만, 그래도 세계 1위 자리를 굳건히 지키는 대한민국 조선산업의 뿌리는? 부산 영도다. 더 정확히 말하면, 한진중공업 영도조선소다.

'대한민국 조선 1번지' 영도조선소가 기사회생의 기로에 놓여 있다. 신규 상선 수주가 끊긴 지난 5년은 끔찍했다. 호황 때 500여 개에 이르던 협력업체들과도 작별했다. 부산지역 매출액 기준 1위 기업의 기억은 아득하다. 부산에는 제조업체 대기업이 드물다. 최근 시민들이 민간기업인 영도조선소 살리기 운동에 나선 것은 지역경제 활성화가 그만큼 절박하기 때문이다. 영도조선소가 살아나면 부산의 협력업체들도 다시 온기가 돌고 지역 고용 · 소득 창출 효과도 커진다.

영도조선소의 역사는 1937년으로 거슬러 올라간다. 해방과 함께 '대한조선공사'로 국영화됐다가 1968년 11월 민영화됐다. 이후 1989년 5월 한진그룹에 편입되면서 '한진중공업'으로 변신했고, 2006년 4월 계열 분리가 이뤄졌다. 빅3 조선사 창립은 1972~1974년이다. 이를 감안하면 1960~70년대 우리나라 경제 부흥기의 조선산업은 대한조선공사가 이끌었다고 해도 과언이 아니다. 부산의 주

부지 확장하면 경쟁력 커지고 지역경제 활성화
해수부 매립 절차 신속한 진행이 회생 열쇠

력산업인 조선기자재산업의 태동과 성장에도 큰 공헌을 했다.

영도조선소는 창립 이후 1천여 척의 다양한 선박을 만들며 '국내·동양·세계 최초' 신화를 숱하게 써 왔다. 하지만 26만m²에 불과한 좁은 부지가 걸림돌이 됐다. 현대중공업 울산조선소 608만m², 삼성중공업과 대우조선해양의 거제조선소 각 400만m²와 아예 비교가 되지 않는다. 한진중공업은 필리핀 수빅조선소 건립으로 돌파구를 찾았다. 2006년 수빅만 300만여m² 부지에 조선소를 착공, 2007년 12월 완공했다. 여기에는 길이 550m, 너비 135m의 초대형 독(dock)과 총 길이 1km가 넘는 조립공장 등 최첨단 설비를 갖추고 있다.

한진중공업은 영도조선소와 수빅조선소의 역할 분담을 도모했다. 영도조선소가 특수선과 군함, 중형상선 등을 건조하고 수빅조선소는 초대형 선박과 해양플랜트를 특화하기로 했다. 수빅조선소는 순항 중이다. 수빅조선소에 필요한 조선기자재는 부산·경남에서 85%를 조달하고 있다. 그러나 영도조선소가 탈이 된통 나 버렸다. 영도조선소는 2008년 세계 경제위기로 직격탄을 맞았다. 해운물동량이 줄면서 선박가격이 폭락했다. 좁은 부지로 인한 생산성 하락은 경쟁력 저하로 이어졌다. 장기간의 노사분규는 설상가상이었다. 2009년 이후 수주가 뚝 끊겼다. 그러던 영도조선소가 2013년 들어 부활의 날갯짓을 하고 있다. 노사 화합을 바탕으로 벌크선 12

척, 특수선 2척을 수주했다.

영도조선소가 회생하려면 건조능력 확대가 필수적이다. 영도조선소는 6천TEU급 이하 컨테이너선과 중소형 선박만 건조해 왔다. 좁은 부지와 길이 300m에 불과한 독 등 설비 부족 탓이다. 이 상태로는 1만 8천TEU급 컨테이너선까지 등장한 선박 초대형화 추세를 도저히 따라갈 수 없다. 영도가 지역구인 김무성 의원이 영도조선소 살리기 바람을 잡았다. 시민단체, 정치권과 학계, 유관 업계 등도 사안의 중요성에 공감했다. 시민운동이 시작된 연유다.

영도조선소가 1만TEU급 이상의 대형 컨테이너선과 VLCC(초대형 원유운반선), 해양플랜트까지 건조할 수 있는 비법도 나와 있다. 현재 작업장으로 점·사용 중인 야드 내 공유수면 4만 6천500m²를 매립하고 설비를 확장하는 방안이다. 그렇게 되면 경쟁력 제고와 함께 지역 파급효과가 커진다. 직접 고용인원이 2천여 명 늘고, 협력업체까지 치면 고용증가 효과가 1만 명이 넘을 전망이다. 협력업체로의 생산유발 효과는 증설 전보다 8배 증가한 연간 8천억 원으로 예상된다.

영도조선소 부지 매립의 열쇠는 해양수산부가 쥐고 있다. 바다 매립은 행정절차가 통상 3년 정도 걸린다. 최근 조선 업황이 회복세를 보이는 만큼 이 시기를 놓쳐서는 안 된다. 해수부는 매립 허가를 적극 검토해야 한다. 또한 환경영향평가 등 꼭 필요한 절차는 밟

부산의 오늘을 묻고 내일을 긷다

되 신속한 행정 처리로 기간을 최대한 단축해야 할 것이다. 영도조선소 살리기 운동은 부산 경제 활성화는 물론 국내 조선 및 기자재 산업 발전과 직결된다. 해수부가 국정과제로 채택한 북항 일대 해양경제특별구역 조성의 핵심이 조선 · 해양플랜트산업 메카 만들기라는 점도 숙지해야 한다. 한진중공업도 시민들의 여망을 잘 헤아려 사회적 역할에 보다 충실하기 바란다. (부산일보, 2013.11.29)

돌아와요, 부산항에…

"한 번 항해에 바나나 8억 1천만 개를 실어 날라 모든 유럽인들의 아침 식사에 바나나 1개씩을 주고도 남는다.""갑판 면적이 축구장 4개를 합친 크기와 맞먹는다."

과장이 아니었다. 실제 보니, 규모가 어마어마했다. 배의 앞부분인 이물 쪽 부두에 서니 뒷부분인 고물 쪽이 아득해 보였다. 배 길이만 399m이니, 그럴 수밖에. 고개를 들고 쳐다본 갑판 쪽 근로자들의 키도 아주 작아 보였다. 높이가 아파트 20층보다 더 높은 73m나 되니 그랬을 터. 너비는 59m, 총톤수는 16만 5천 톤으로 6m짜리 컨테이너 1만 8천270개를 실을 수 있다. 세계 최대 컨테이너선인 '머스크 맥키니 몰러'호의 위용은 참 대단했다.

세계 1위 컨테이너 선사인 덴마크 머스크는 2년여 전에 대우조선해양에 '트리플-E'급 컨테이너선 20척을 발주했다. 트리플-E급 배는 경제성, 에너지 고효율성, 친환경성을 모두 만족시키는 선박이다. 선가는 척당 2천억 원, 총 수주액이 4조 원에 이른다. 트리플-E 시리즈 중 1호 건조선으로 부산~유럽 정기항로에 투입된 맥키니 몰러호가 2013년 7월 15일 '난생처음' 기항지인 부산항 신항에 들어왔다. 부산항 개항 137년 만에 현존하는 세계 최대 규모의 배가 입항한 것이다. 뿌듯한 환영식이 열렸다. 축사를 한 인사들은 너도 나도 부산항 발전에 새 역사를 썼다고 입을 모았다.

취임 이후 잇단 실축으로 부산 시민들에게 실망을 안긴 윤진숙

부산의 오늘을 묻고 내일을 긷다

세계 최대 선박 입항, 개항 137년 부산항 새 역사
'동북아 해양수도' 첫걸음… 고부가가치화 관건

해양수산부 장관은, 여전히 아쉬웠다. 의례적인 공치사에 그친 그의 축사는 허전했다. "세계 최대 선박이 세계 최초 기항지로 부산항을 선택한 것은 우수한 항만 경쟁력 때문이며, 오늘을 계기로 부산항은 동북아 허브항만 위상이 더욱 공고해졌다." 과연 그러한가. 현실은, 동북아 허브항만 경쟁에서 세계 1위 항만인 중국 상하이 항이 까마득히 앞서 있다. 맥키니 몰러호의 입항은 긴 도정의 첫걸음을 뗀 것일 뿐이다.

윤 장관은 환영식에 앞서 가진 기자간담회에서도 부산 시민들의 염장을 질렀다. "바다가 부산에만 있는 게 아니다. 삼면이 바다이기 때문에 다른 곳도 가 봐야 한다." 듣는 순간 귀를 의심케 했다. 부산에 와서, 굳이 이런 말을 해야 했나. 해수부 청사나 극지연구소 입지 문제를 비롯, 부산에 대한 그의 평소 인식에 확실히 문제가 있는 듯싶다. 부산이 해양·수산 관련 현안에 목소리를 높이는 것은 해수부 부활을 주도했으니 지분을 챙기겠다는 게 아니다. 해양·수산 부문에서 부산이 차지하는 비중이 가장 높고, 우리나라가 중국 일본과 경쟁하며 해양강국으로 도약하기 위해서는 부산을 동북아 해양수도로 만드는 게 필수적이기 때문이다.

박근혜 대통령도 이런 사실을 알기에 부산지역 대선 공약 1호로 '해양수산부 부활 및 동북아 해양수도 건설'을 내세웠다. 5년 만에 부활한 해수부의 수장으로 부산항의 심장부를 찾았다면 '동북아 해양수도 건설'에 해수부가 어떤 역할을 할 것인지, 립 서비스로나마 언급을 하는 게 센스 아닌가.

부산항은 수출입 물동량의 65%를 담당한다. 컨테이너 물동량만 보면 75%에 이른다. 글로벌 선사 소속 초대형 선박들의 입출항도 잦다. 그러나 부산항의 항만 경쟁력에는 눈물과 땀이 질펀하게 배어 있다. 눈물의 경쟁력은 터무니없이 싼 컨테이너 처리비용이다. 부산항의 컨테이너 1개 평균 처리비용은 북항 4만 5천 원, 신항 5만 1천 원 남짓이다. 일본 도쿄 항 17만 원, 중국 상하이 항 10만 5천 원에 턱없이 못 미친다. 땀의 경쟁력은 발품이다. 맥키니 몰러호의 부산항 입항을 성사시키기 위해 부산항만공사는 임기택 사장(현 유엔 국제해사기구 사무총장)이 직원들을 이끌고 2012년 11월 덴마크 머스크 본사를 직접 찾아갔고, 관련 기관들과 숱한 협의와 시뮬레이션 작업을 거쳤다.

부산항은 컨테이너 물동량 처리 기준으로 2013년 7월 현재 세계 5위 항만이다. 하지만 중국의 닝보-저우산 항과 칭다오 항이 맹추격하고 있어 역전되기 일보 직전이다. 게다가 부산항은 컨테이너 처리 비중이 90%가 넘고, 하역료 덤핑 등으로 부가가치마저 매우 낮다. 신항과 북항 간 양극화도 심해지고 있다. 해수부가 부산항의 위상과 함께 실상도 정확히 파악해 고부가가치 항만으로 빨리 탈바꿈시켜야 한다.

부산의 오늘을 묻고 내일을 긷다

맥키니 몰러호를 시작으로 트리플-E급 20척은 2015년까지 모두 머스크에 인도된다. 이 가운데 몇 척이나 부산항에 정기적으로 기항할 것인가. 초대형 선박들이 부산항을 허브항 삼아 분주히 드나들수록 동북아 해양수도의 꿈은 가까워진다. 고부가가치를 창출하는 '웃음의 항만 경쟁력'이 관건이다. 환영식장에 울려 퍼진 여고 악단의 '돌아와요 부산항에' 연주가 계시처럼 귓전에 맴돈다. (부산일보, 2013.07.19)

힘내라, 해수부 공무원!

비유를 하나 들겠습니다. 드넓은 초원에 사자와 양 무리 네 집단이 있습니다. A집단은 사자가 리더인 사자 무리, B집단은 사자가 리더인 양의 무리, C집단은 양이 리더인 사자 무리, D집단은 양이 리더인 양의 무리입니다. 초원의 지배자는 단연 A집단이고, D집단은 이른바 '밥'이겠지요. 여기서 B · C집단이 싸우면 어떻게 될까요? B집단이 이길 겁니다. 그만큼 조직의 리더십이 중요하다는 이야기입니다.

지금, 해양수산부는 어느 집단에 속합니까. 자질 논란으로 부활 축제에 찬물을 확 끼얹은 장관이 사자일 리 없으니, A · B집단은 아닙니다. 안타깝지만, C · D집단 중 하나입니다. 그 갈림길은 해수부 공무원들이 사자냐 양이냐에 달렸습니다. 일단 D집단이 되면 대~한민국은 해양강국의 꿈을 아예 접어야 합니다. 무조건 C집단은 되고 봐야 합니다. 그런 다음 A집단과 자웅을 겨룰 전략을 찾아야 합니다.

이웃나라 중국과 일본은 A집단입니다. 국력과 경제규모도 A집단이지만, 해양수산 부문은 특히 그렇습니다. 중국은 지난달 최고위급 국가해양위원회를 만들고, 국가해양국 수장을 장관급으로 격상시켰습니다. '해양굴기'를 기치로 동아시아 바다를 제패하려는 야망을 드러낸 셈이지요. 일본도 2007년부터 총리가 본부장을 맡고 모든 장관이 구성원으로 참여하는 종합해양정책본부를 만들어 도

부산의 오늘을 묻고 내일을 긷다

'자질 논란' 장관에 낙담… 침체 분위기 떨쳐야
'장보고의 바다' 되살리는 해양입국 주역 되길

끼눈을 부라리고 있습니다. 이런 형국에 해수부의 임전태세는 어떻습니까.

사자들이 양을 리더로 받들 수 있을까요? 동물세계에선 어림도 없겠지요. 하지만 인간 세상에서는 이런 일이 흔합니다. 특히 민주주의 체제에서 선거는 승자의 독주를 낳기 십상입니다. 여야 정당은 물론 국민 여론이 수없이 자질 부족을 질타했건만, 선거로 뽑힌 역대 대통령은 '마이웨이'로 장관 임명을 강행했지요. 어쩔 수 없는 현실입니다. 해수부 공무원들이 모두 사자가 된다면 그래도 희망은 있습니다.

일본의 장관과 공무원 관계를 떠올려 봅시다. 일본은 정치꾼들이 우경화 책동을 일삼고, 정권 교체도 잦습니다. 그런 정치적 혼란 탓에 '잃어버린 20년'을 겪고 세계 2위 경제대국 지위를 중국에 넘겨줬지요. 그러나 일본은 세계 3위 경제대국 자리는 지키고 있습니다. 최근에는 엔저(低)로 상징되는 '아베노믹스'로 부쩍 활기를 되찾고 있지요. 이런 저력은 어디서 나올까요? 다양한 분석이 가능하겠지만, 나는 일본 공무원들의 힘 때문이라고 생각합니다.

일본 공무원 사회는 권위와 권력의 분권화 현상이 뚜렷합니다. 상하 간 권위는 존중하되, 업무에 관해서는 공무원 각자의 권한과 책임이 막강하지요. 그래서 담당 공무원이 자기 판단에 따라 거침없이 국장이나 차관에게 보고하고 건의하는 문화가 정착돼 있고,

때로는 장관이라도 담당 과장의 동의를 얻지 못하면 해당 정책을 추진할 수 없을 정도라고 합니다. 이런 문화는 공무원들의 정직성과 역량에 대한 국민의 믿음이 있기에 가능하겠지요.

해수부 공무원 여러분, 용맹하고 지혜로운 사자가 되십시오. 그냥 리더가 시키는 대로 따르는 범상한 사자가 되지 말고, '해수부 주인은 나'라는 책임감과 역량을 겸비한 사자가 되십시오. 장관은 때가 되면 떠납니다. 어떤 장관이 오고 가든, 해양입국(海洋立國)의 꿈과 희망을 지속적으로 키우고 실현해 나가는 데는 여러분들의 몫이 8할입니다.

부산은 해양수산의 본거지입니다. 그런 만큼 해수부 장관 후보자가 '모래 속 진주'가 아니라 '진주 속 모래'라는 비판이 빗발칠 때 시민들은 설마설마했습니다. 끝내 장관 임명이 강행됐다는 소식을 듣고는 "할 말이 없다"는 말로 분노를 대신했지요. 그러나 여러분들마저 체념·낙담·불만·불신에 휩싸여 있다는 소식을 듣고는 걱정이 앞섰습니다. 취임식 때 인사문제를 주절주절 늘어놓은 장관을 맞는 그 참담한 심정, 우리도 공감하지만, 그래도 어금니를 깨물어 주십시오.

해수부 공무원 여러분, 장관이 국회에서 사과하고 분발을 다짐했다 하여 국민 기대치가 높아질까요? 5년 만의 단순한 부활이 아니라, 신라 시대에 이미 동북아 해상무역권을 장악했던 장보고의 바

부산의 오늘을 묻고 내일을 긷다

다를 되살리는 해수부가 되려면 여러분이 용맹한 사자가 되어야만 합니다. 지금 상황에서 중국 일본과 경쟁하며 우리의 바다를 지키고 살찌워 해양산업에서 국가 신성장동력을 이끌어내려면 그 길뿐인 듯싶습니다. '바다를 통한 국민의 꿈과 행복 실현'이라는 해수부의 비전, 해양입국의 꿈이 꼭 이루어지도록 멸사봉공해 주십시오. 부산 시민들이 여러분의 버팀목이 되어 응원하겠습니다. 힘내십시오. (부산일보, 2013.04.26)

동북아 해양수도의 꿈

(공약1) "부산을 글로벌 물류 허브, 동북아의 해양수도로 확실하게 키우겠습니다. 해양수산부를 부활해 해양강국의 기반을 조성하고, 해양인프라의 구축과 해양산업, 물류, 해양금융, 수산의 중심지로 육성하겠습니다."

(공약3) "로지스틱허브, 선박건조회사 등 선박금융에 우호적 환경을 구비한 부산을 동북아 해양·파생 특화 금융중심지로 집중 육성하겠습니다."

박근혜 대통령은 지난 대선 때 부산지역 공약 일곱 개 중 첫 번째로 '해양수산부 부활 및 동북아 해양수도 건설'을 내세웠다. 세 번째 공약은 금융중심지 육성(선박금융공사 설립)이었다. 둘 다 해양도시 부산의 특성을 감안한 공약이다. 해수부는 정식으로 부활되었다. 선박금융공사는 관련 법안 두 건이 국회에 제출돼 있고, 정부도 설립 방안을 모색 중에 있다.

부산은 이제 '동북아 해양수도 건설'에 집중해야 한다. 동북아 해양수도는 한·중·일 3국의 물류허브 및 신해양산업 메카를 뜻한다. 해양산업은 조선·해운·항만·수산이 중심이다. 신해양산업은 여기에 해양 플랜트·바이오·에너지 및 자원·기후·관광레저·금융까지 융복합된 개념이다.

부산이 이러한 동북아 해양수도가 될 수 있는가. 자격은 충분하다. 부산은 동북아 최대 국제 환적항이다. 또 세계 6대 조선소를 곁

에 둔 대한민국 최고의 해양수산 거점이다. 하지만 상하이·닝보·
칭다오·톈진 같은 중국 동북연안 항만도시의 기세가 무섭다. 컨테
이너 처리실적 기준으로 보면, 상하이는 수년째 부동의 세계 1위이
다. 닝보 6위, 칭다오 7위, 톈진 9위권으로 5위 부산을 바짝 쫓아오
고 있다.

게다가 중국은 최근 국가해양국 기능을 대폭 강화했다. 수장을
장관급으로 격상시키고 여러 부서에 분산된 해양 기능을 통합했다.
해양경쟁력 제고와 해양이익 보호를 위한 정책기능과 집행능력 강
화가 목적이다. '해양굴기'를 도모 중인 중국 입장에서 '부산=동북
아 해양수도'를 수긍할 수 있을까. '부산=글로벌 물류허브'는 순순
히 용인할 수 있을까.

동북아 해양수도 건설은 박 대통령의 공약에 더해 한·중·일 간
해양경쟁력과 해양이익을 다투는 국가 생존경쟁의 척도라는 점에
서, 반드시 성사시켜야 할 아젠다이다. 해수부가 앞장서야 한다. 동
북아 해양수도가 되려면 해수부는 부산에 와야 마땅했다. 박 대통
령도 대선 때 적극 검토할 것을 약속했다. 하지만 해수부 부활의 산
파역인 부산은 해수부의 기능강화를 소망했지, 청사 유치에 매달리
지 않았다. 결국 기능강화도, 청사 유치도 물 건너갔다. '약체' 해수
부가 할 일은 자명하다. 해양경쟁력 강화와 세계 5대 해양강국 진입
을 위한 정책 실행에 매진, 존재감을 보여야 한다. 동북아 해양수도

건설은 이런 점에서 해수부 정책의 근간이 돼야 한다.

부산이 동북아 해양수도가 되는 방책은 무엇인가. 한국해양수산개발원과 부산발전연구원 등은 엊그제 '해수부 부활 기념 부산 발전 세미나'에서 '부산 해양경제 5대5 전략'을 제시했다. 새 정부 5년 동안 부산의 해양경제 발전을 위해 꼭 해야 할 5대 핵심과제를 들었다. 항만물류산업 개편, 해양경제특별구역 지정과 해양플랜트 허브화, 수산업의 고부가가치화, 해양 창조산업 육성, 해양관광 활성화가 그것이다.

항만물류산업의 새 판 짜기는 수리조선·선용품·유류공급 등 취약산업 활성화를 통한 항만 고부가가치화가 관건이다. 북항과 신항의 특성화 발전 전략도 요구된다. 이와 관련, '북항=해양경제특별구역, 신항=물류허브, 남항=수산식품산업 클러스터 구축' 방안이 주목된다. 해양 창조산업과 관련해서는 선박금융공사 설립, 해양·파생금융 특수대학원 설립, 국제금융연수원 설립 등이 부각됐다. 해양관광 활성화는 크루즈산업과 마리나산업 육성이 두 축이다.

글로벌 물류허브들은 '항만+항공 허브'이다. 부산이 글로벌 물류허브가 되려면 신공항 건설이 필수적이다. 김해공항 가덕 이전이 꼭 성사돼야 하는 이유이다. 또한 새로 개척되고 있는 북극항로의 허브 항이 되어야 한다. 북극항로는 획기적인 항로 단축으로 머잖아 해운물류의 신천지로 떠오를 전망이다. 기회 선점을 위한 선제적 조치가 요구된다.

우리 경제가 '2만 달러의 함정'에 빠졌다는 지적이 나온다. 2007
년 1인당 국민총소득이 2만 달러를 넘어선 뒤 여태 2만 3천 달러를
밑돌고 있다. 육상 중심 경제의 한계로 보인다. 이제 신성장동력을
바다에서 찾아야 한다. 국가 해양경쟁력 강화와 신해양산업 육성이
해법이다. 그 비전이 동북아 해양수도 건설이다. 부산의 정·관·민,
산·학·연이 해수부와 힘을 합쳐 비전 달성에 올인하기 바란다. (부
산일보, 2013.03.29)

해양수산부 부활만은…

"이번에는 지난번처럼 허망하게 깨지지 않았으면 좋겠는데…." 부산 모 대학 교수가 엊그제 해양수산부 부활을 촉구하는 영·호남 4개대 합동 세미나에서 한 말이다. 부산 시민이라면 단박에 알아챌 것이다. 지난번에 허망하게 깨진 것이 '동남권 신공항'이란 사실을!

부산의 숙원이자 이명박 대통령의 대선 공약이기도 했던 동남권 신공항은 지난해 3월 너무나 허망하게 백지화되고 말았다. 이 대통령이 대국민사과를 하긴 했지만 부산 시민들은 지금도 회한을 삭이지 못하고 있다. 부산 시민들은 이제 '신공항'이란 용어 자체를 꺼린다. 다른 지역의 훼방으로 무참히 당한 실패를 되풀이하지 않기 위해서다. 그래서 정리된 표현이 '김해공항 가덕 이전'이다. 기존 김해공항이 급증하는 항공수요를 감당할 수 없으니 가덕도로 이전하자는 것이다. 지난 23일 창립총회를 연 '사단법인 김해공항 가덕이전 시민추진단'이 구심체가 되어 이번에는 지역의 최대 숙원사업을 꼭 성사시켰으면 한다.

해양수산부 부활은 성격이 많이 다르다. 2008년 2월 해양수산부가 폐지된 이래 정부의 예산 및 행정 지원 축소 등으로 해양산업과 수산업은 날로 위축되고 국제적 경쟁에서도 뒷걸음질 쳐 왔다. 그래서 해양과 수산의 중심지인 부산 지역이 '해수부 부활 국민운동본부'를 주도하면서 대선주자들이 해양수산부 부활을 공약하도록 가장 열성적으로 움직이고 있는 것은 사실이다. 하지만 차기 정부

부산의 오늘을 묻고 내일을 긷다

허망한 '신공항' 백지화 답습 않게 논리 무장
선진 부국 이루려면 '신해양 국가비전' 필수

에서 해양수산부가 부활되면 부산만 혜택을 보는 게 아니라, 우리나라 연안의 모든 해양도시와 해양세력이 활기를 되찾을 수 있다.

유력 대선주자들이 최근 정부조직 구상의 각론을 내놓고 있다. 박근혜 새누리당 후보는 미래창조과학부 신설 방침을 밝혔고, 해양수산부 부활은 공약추진단에서 검토 중이다. 문재인 민주통합당 후보는 이명박 정부가 폐지한 해양수산부와 과학기술부, 정보미디어부(정보통신부)를 부활하고 중소기업부를 신설하겠다고 했다. 안철수 무소속 후보는 미래기획부 신설과 중소기업청 확대 개편을 검토 중이다.

아직 대선주자들의 전반적인 정부조직 개편안 공약이 나오지도 않았는데, 수도권 언론들은 벌써부터 견제구를 날리고 있다. 예를 들면 이런 제목들의 기사다. "세 후보, 청사진 없이 큰 정부 경쟁… '돈 먹는 공룡' 될라" "부처 신설·통폐합·분할을 정부 혁신으로 착각 말라" "대선 후보들의 개념 없는 정부조직 확대론" 등등.

해양수산부 부활에 대한 공감대가 확산되고 있지만 끝까지 경계를 늦춰서는 안 된다. 유력 대선주자 세 명의 공약에 모두 포함된 것도 아니고, 수도권 언론들의 재 뿌리기도 심상찮다. 해양수산부 부활이 21세기 대한민국의 미래를 열기 위해 꼭 필요하다는 당위성을 치밀한 논리로 제시해야 한다. 그 논리의 하나로 이런 질문을 던지고 싶다. 육상 중심의 기존 주축 산업만으로 선진 부국, 세계 10

위권 내 선진국이 될 수 있는가? 바다로 눈을 돌려야 그게 가능하지 않겠는가?

전자 통신 자동차 화학 조선 등 현재 주축 산업을 이끄는 대기업들은 대부분 재벌그룹 소속이다. 그런데 강도의 차이는 있지만 대선주자들은 너나없이 '경제 민주화'를 주장한다. 그 핵심이 재벌 규제다. 차기 정부에서 재벌그룹 대기업들이 성장일변도로 치닫기 어려운 상황이다. 게다가 우리 경제는 무역 비중이 커 대외의존도가 높은데 세계적인 경기 침체로 각국의 보호주의 성향이 강해지면서 우리 대기업들에 대한 견제가 갈수록 심해지고 있다.

육상 중심의 국가경영, 현재 주축 산업 중심의 경제성장 한계를 극복하려면 자원의 보고인 바다로 눈을 돌려야 한다. 해양 자원·영토 확보는 물론 해양산업과 수산업에 IT(정보통신기술) MT(해양과학기술)가 융합된 신해양경제 창출이 더해지면 선진 부국의 꿈에 성큼 다가설 수 있을 것이다.

해양자원과 해양관할권, 해양영토를 둘러싼 국가 간 경합과 다툼은 날로 치열해지고 있다. 일본, 중국, 미국, 영국, 캐나다, 호주 등 세계 주요국들은 발 빠르게 움직이고 있다. 해양 관련 법률을 제정하고 정책을 공표하거나 해양조직을 통합·확대하여 글로벌 신해양질서에 적극 대응하고 있다.

차기 대통령은 동아시아의 해양영토 다툼을 예의주시하면서 바다에서 선진 부국을 위한 신성장동력을 찾아나가야 한다. 한 해양 전문가의 지적처럼 "대륙에 딸린 '꼬리국가'로 전락하지 않고, 바다를 향해 포효하는 대륙의 '머리국가'가 될 수 있도록" 신해양 국가비전을 제시하고, 실행에 옮겨야 한다. 그 기본 전제가 해양행정조직 강화다. 우리나라의 오랜 꿈인 '세계 5위권 해양대국' 실현의 전제도 해양수산부 부활임은 두말할 나위가 없다. (부산일보, 2012.10.26)

세계해양포럼, 국가대표 브랜드로!

1971년 스위스 제네바대학의 33세 난 패기만만한 클라우스 슈바프 교수는 산업혁명을 일으킨 유럽의 기업들이 미국 기업들에 비해 경영이 뒤처지는 이유가 뭔지 깊이 고민했다. 그는 대책을 함께 모색하기 위해 유럽의 기업 리더 400여 명을 스위스 다보스라는 조그만 휴양도시로 모이도록 하고, 회의를 이끌었다. 여기서 그는 비영리재단인 '유럽경영포럼'을 창설, 매년 1월 연차총회를 갖도록 했다. 1973년부터 정치인들도 참여했고, 1981년부터는 다보스에서 연차총회를 개최하는 전통이 확립됐다.

유럽경영포럼은 1987년 이름을 세계경제포럼(WEF: World Economic Forum)으로 바꾸고 정치, 경제, 문화, 기아, 질병 등 다양한 분야의 지구촌 현안과 이슈를 논의하기 시작했다. 이렇게 외연을 확대해 온 다보스 포럼은 이제 매년 세계적인 기업인, 각국 정상과 장관, 국제기구 수장, 미디어, 학자 등 2천500명 넘게 참석하는 '민간 유엔기구'로 자리 잡았다. 해발고도 1,575m 지점에 위치한, 인구 1만 명이 조금 넘는 작은 스키 휴양지 다보스에 해마다 1월만 되면 약 1주일 동안 지구촌의 이목이 쏠리는 것은 순전히 WEF 연차총회 때문이다. 다보스 포럼이 작은 도시를 전 세계적으로 띄우고, 스위스를 대표하는 국가 브랜드가 된 것이다.

부산은 오랜 세월 '동북아 해양허브'와 '대한민국 해양수도'를 꿈꿔 왔다. 부산시는 2002년부터 해양수도 비전을 세워 '해양수도21

시골 다보스, WEF 총회 개최로 세계적 명성
WOF 빠른 성장 '글로벌 도시 부산'의 자부심

기본계획'을 수립하는 등 해양산업을 기반으로 한 국제 비즈니스 중심도시로 성장하기 위해 많은 노력을 기울여 왔다. 그 결과 부산항 신항 건설과 항만배후물류부지 조성 등 하드웨어적 인프라 구축은 상당한 진전을 보였다. 문제는 인프라 확충만으로는 동북아 해양허브가 될 수 없다는 것이다.

부산이 해양허브가 되려면 세계에 내놓을 만한 해양 콘텐츠가 있어야 한다. 우리는 세계해양포럼(WOF: World Ocean Forum)에서 그런 희망을 본다. WOF는 부산일보가 주도한 (사)한국해양산업협회가 2007년 1월 서울 한국프레스센터에서 개최한 '해양부국 신년인사회'에서 처음 제안됐다. 그해 11월 5~7일 사흘간 '열린 바다, 지구촌 미래'를 주제로 부산 벡스코에서 열린 제1회 행사는 3개 세션에 세계 10개국 600여 명이 참가했다. '신해양시대, 부(富)의 미래'가 주제였던 2008년 제2회 행사는 15개국 800여 명, '해양, 인류의 미래'를 주제로 열린 2009년 제3회 행사는 20개국 1천여 명이 참가했다.

오는 15~17일 사흘간 부산 해운대구 벡스코와 파라다이스호텔에서 열리는 제4회 행사는 '기후변화와 해양의 도전-블루 이코노미 시대를 향하여'를 주제로 일반세션 8개와 특별세션 6개 등 모두 14개 세션으로 짜여 있다. 2012여수세계박람회 조직위의 제4차 국제심포지엄을 겸한 이번 포럼은 세계 해양계를 이끌고 있는 석학, 국제기구 수장과 간부, 기업인 등 저명인사들도 대거 참가해 기조연설과 특별연설을 하거나 세션 좌장 역할 등을 맡는다. 연설자와 토론자만 300명에 달하고 30여 개 나라 해양 관련 전문가 2천여 명이 참가할 것으로 예상된다.

WOF는 '해양분야의 다보스 포럼'을 지향한다. WEF가 시골 도시 다보스와 스위스를 세계 만방에 알렸듯이 WOF도 이런 속도로 계속 성장하면 부산을 상징하는 해양 포럼, 우리나라를 대표하는 해양컨벤션에서 더 나아가 머지않은 장래에 세계적인 해양 포럼으로 부상할 가능성이 충분하다.

한국 최고의 무역항인 부산은 지정학적으로 태평양과 아시아·유럽대륙을 잇는 관문 역할을 할 수 있는 절묘한 위치에 있다. 이러한 이점에 더하여 세계 해양계를 이끄는 리더들이 해마다 WOF 연례 포럼에 참가하기 위해 대거 부산을 찾으면 '글로벌 도시 부산'의 브랜드 가치는 훨훨 상승의 날갯짓을 하게 될 것이다. 또 해양 콘텐츠를 질적으로 드높일 축제의 장이기도 한 WOF는 부산의 동북아 해양허브 꿈을 이뤄줄 핵심 '소프트 파워(Soft Power)'가 될 것이다.

세계 5대 해양강국을 목표로 하는 우리나라로서도 WOF는 국가 브랜드 가치를 고양시킬 수 있는 좋은 이벤트이다. 마침 2012여수 세계박람회도 주제가 '살아 있는 바다, 숨쉬는 연안'으로 인류생존과 직결되는 바다에 관한 바람직한 미래상을 제시하고 있다. 제5회,

제6회 WOF도 여수엑스포의 성공과 맞물리도록 정부 차원의 지속적인 관심이 요구된다.

WEF가 개최지 이름을 따 다보스 포럼으로 불리듯이, WOF가 세계 해양계의 현안과 핵심 이슈를 선도하는 최고의 글로벌 포럼이자 국가대표 브랜드가 되고, 그런 위상을 상징하는 '부산 포럼'이란 별칭으로 불리면서 부산의 자부심으로 활짝 꽃피길 기원한다. (부산일보, 2010.11.11)

부산권 미래, 바다 너머 길이 있다

"대~한민국!" 지난 주말 저녁 부산 해운대 파라다이스호텔에서 느닷없이 2002 한·일월드컵 때 전국을 뒤덮었던 응원구호가 울려 퍼졌다. 부산-후쿠오카 포럼 제5차 부산 회의 첫날 환영만찬장에서 일본 측 한 회원이 "한국과 부산을 사랑하는 마음을 한마디에 담아 전하겠다"는 건배사와 함께 "대~한민국"을 외쳤다. 부산과 후쿠오카 양측 회원과 참석자들이 폭소를 터뜨리며 "대~한민국"을 합창했다. 당시 유행했던 5박자 "짜짜짜짝짝" 박수와 함께!

이날 회의를 지켜보며 부산과 동남권의 미래는 역시 바다와 바다 너머에 있다는 점을 실감했다. 아무리 지방분권 국가균형발전을 외쳐도 국세 대 지방세 비율이 8 대 2로 편중된 구조에서는 초비대화된 수도권 집중의 그늘을 벗어나기 어렵다. '돈줄'을 꽉 쥐고 있는 중앙정부가 서울과 수도권 중심의 정책을 고집한 결과는 참담하다. 국토면적의 11.8%에 불과한 수도권에 인구 49.1%, 10인 이상 제조업체 52.4%, 의료기관 52.1%, 대학교 39%, 공공기관 84.4%가 몰려 있고 지역내총생산(GRDP)도 47.7%나 차지하고 있다. 이명박 정부의 '선 지역발전, 후 수도권 규제 완화' 공약도 물거품이 되고 있다. 비수도권을 대표하는 동남권이 언제까지 중앙정부와 수도권만 쳐다보고 있을 수는 없다.

그럼, 부산과 동남권이 살길은? 대내적으로는 지방정부의 초광역화를 도모하고 대외적으로는 바다 너머로 눈길을 돌렸으면 한다.

정부 예산 따기 경쟁 신물… 밖으로 눈 돌려야
한·일해협경제권 활성화로 동남권 활로 모색을

대한민국은 광역 지방정부가 16개나 된다. 16개로 쪼개진 지방정부들이 중앙정부를 상대로 예산을 한 푼이라도 더 따내기 위해 발버둥치는 연례행사는 이제 정말 보기 지겹다. 행정구역을 초광역화하는 국가 재구조화 작업이 필요하다. 부산 경남 울산을 합치고 전라도, 충청도를 각각 하나로 묶으면 지방정부의 덩치들이 훨씬 커지고 중앙정부에 대한 발언권도 훨씬 더 세질 수 있다.

우리나라보다 인구도 많고 경제 규모가 7배 수준인 일본도 47개 도·도·부·현(都道府縣)을 10개 정도로 줄이는 '지역주권형 도주제(道州制)'를 추진하고 있다. 초광역화를 통해 규모의 경제를 이룬 지방정부에 내정을 맡겨 중앙-지방으로 이원화된 행정의 비효율을 확 줄이고 주민생활권의 불일치도 해소하겠다는 의도다. 2012년 대통령선거에서 미국식 연방제를 준용한 행정구역의 초광역화를 공약으로 내건 후보가 승리하길 간절히 기원하고 싶다.

바다 너머에는 무엇이 있는가. 대한해협 너머 규슈의 경제력은 우리나라 전체 경제력의 90% 수준에 이른다. 합친 인구가 2천100만 명이 넘는 동남권과 규슈권은 2006년 9월 부산-후쿠오카 포럼이 부산에서 창립 회의를 열고 '한·일해협경제권: 교류에서 협력으로'를 주창하면서 초국경 광역경제권 형성이 가시화되기 시작했다. 두 지역의 경제·언론·대학·문화·의료 부문 대표들이 참여한 부산-후쿠오카 포럼은 매년 한 차례 두 도시에서 번갈아 열리고 있고, 두

시는 이 포럼에서 나온 제안들을 시 정책으로 착착 현실화했다.

두 시는 2008년 10월 경제협력협의회 창립총회를 갖고 초광역경제권 형성을 위한 공동선언문을 발표했으며, 2009년 8월 이를 구체화하기 위한 23개 세부추진사업, 64개 과제를 공동 추진키로 했다. '2009 부산-후쿠오카 우정의 해' 선포는 두 시의 협력 강도를 깊게 했다. 경제협력사무소도 지난달 26일 상대 도시에 각각 설립됐다. 지난 7월에는 동남권광역경제발전위원회와 일본 규슈경제조사협회가 양국의 광역경제권 간 공동발전을 위한 업무협약을 맺었다.

부산-후쿠오카 포럼 제5차 회의에서는 한·일해협경제권 구축 방안들이 더욱 구체화됐다. KTX 완전개통(11월) 및 규슈신칸센 개통(2011년 3월)을 계기로 동남권과 규슈권의 관광 및 의료협력 강화, 대학 간 컨소시엄 확대와 인턴십 수용 기업 발굴 등에 힘을 모으기로 했다.

동남권 신공항을 규슈권까지 포함한 초국경 광역경제권의 허브공항으로 공동개발하자는 제안도 나왔다. 국토해양부는 신공항 입지를 선정함에 있어 국내 남부권 항공수요만 고려하지 말고 규슈권까지 염두에 둔 동북아 제2허브공항의 적격지가 어딘지 신중히 판단해야 할 것이다.

이번 부산-후쿠오카 포럼에서 한·일·중 공동연구기금의 조기설립을 양국 정부에 촉구한 것도 언젠가 도래할 동아시아 공동체

형성을 위한 진일보라는 점에서 큰 의미가 있다. 부산과 동남권이 대한해협경제권 구축과 활성화에서 미래 비전을 찾고, 양국 정부도 두 권역의 상생과 공동번영을 위한 노력이 한일관계의 근본 패러다임을 바꾸는 선도 역할을 한다는 점을 명확히 인식, 적극적인 지원에 나서기 바란다. (부산일보, 2010.09.09)

왜 국립해양박물관인가?

"동삼동 패총만 보더라도 국립해양박물관은 당연히 부산에 건립돼야 한다. 부산에 국립 중앙해양박물관을 먼저 건립하고 이어서 울산, 여수, 제주, 인천 등 항구도시에 해양박물관을 지어 네트워크화해야 한다."

김종규 한국박물관협회 회장은 ㈔해양산업발전협의회 주최로 지난 16일 부산시청에서 열린 '국립해양박물관 부산 유치 시민 대토론회'에서 아주 의미 있는 축사를 했다. '중앙'해양박물관 개념을 제기한 것이다. 기획예산처에서 이 개념을 받아들인다면 국립해양박물관 부산 건립의 걸림돌을 제거하는 처방이 될 수 있다. 왜 그런가?

기획예산처는 지난 3월 한국개발원(KDI)에 해양박물관 건립을 희망한 부산, 제주, 여수 등 세 개 지역의 사업 예비타당성 조사를 의뢰했다. 7월 말 중간조사 결과 부산만이 타당성이 있는 것으로 나타났다. 그러나 기획예산처는 최종 발표를 미적대고 있다. 제주와 여수의 눈치를 살피고 있는 셈이다.

기획예산처에 권하고 싶다. 김 회장이 제시한 대로 부산에 먼저 중심 역할을 하는 종합적인 '중앙'해양박물관을 건립하고, 제주와 여수에도 순차적으로 분야별로 특화된 해양박물관을 건립하면 되지 않겠는가.

여기서 '중앙'은 의미가 크다. 지금까지 '중앙'은 통상 서울을 의미했다. 그러나 해양 분야의 '중앙'은 당연히 부산이 돼야 한다. 부

영국·일본 등 선진국 해양문화 허브 박물관 허다
해양수도 부산에 국립해양박물관 건립 타당

산항은 개항 130년을 맞이한 국내 최고 최대의 항만이자 컨테이너 물동량 처리 기준 세계 제5위의 무역항이다.

부산은 21세기 동북아 해양수도를 지향한다. 해양수도가 되려면 해양산업은 물론, 해양문화의 허브도 돼야 한다. 하지만 부산에는 해양문화의 대표적 인프라인 해양박물관이 없다. 해양박물관은 해양문화의 창달, 해양의식의 고취, 해양산업의 구심적 역할 등 기능이 다양하다. 부산엔 국립박물관도 없다. 그래서 국립해양박물관 건립은 부산 시민들의 오랜 숙원이다. 부산시와 해양수산부는 영도구 동삼동 매립지에 1만5천 평 규모의 부지를 마련해 놓고 기획예산처 승인만 기다리고 있다. 사업비는 1천억 원으로 예상되나 민간투자방식(BTL)으로 추진, 당장 국가 예산이 소요되는 것은 아니다.

많은 선진국들이 자국의 해양문화를 종합적으로 보여줄 수 있는 국립해양박물관을 갖고 있다. 일본은 주요 해양관련 박물관이 127개소나 있다. 전통적인 해양선진국인 영국은 1937년에, 스웨덴은 1938년에 국립해양박물관을 개관하여 해양문화의 거점으로 활용하고 있다. 호주 국립해양박물관, 중국 마카오 해양박물관, 일본 요코하마 해양박물관은 관광수요 진작과 지역의 랜드마크 역할을 하고 있다.

반면 우리나라에는 해양수산과학관 3개소, 어촌민속전시관 3개소, 기타 해양관련 전시시설 2개소가 있으나 전시·교육 기능 위주로 연구·학예 기능이 없다. 전남 목포의 국립해양유물전시관 역시

전시품이 신안 해저 유물로 한정돼 종합적인 해양박물관이라 할 수 없다.

서울에는 국립박물관만 9개 있다. 국립중앙박물관 국립민속박물관 국립고궁박물관 국립서울과학관 국악박물관 경찰박물관 관세박물관 체신기념관 한국은행화폐금융박물관이 그것이다. 국립해양박물관은 눈을 씻고 봐도 없다.

'국립해양박물관 부산 유치 시민 대토론회'에서 주제발표를 한 김성귀 한국해양수산개발원 연구위원은 "우리나라는 조선산업 세계 1위, 해운업 5위, 수산업 11위 등 세계 12위의 해양력을 가졌음에도 국립해양박물관이 없어 해양에 대한 인식이 미흡하고 해양문화 수준도 떨어지고 있다"고 지적했다.

동삼동 패총은 우리나라 신석기 시대를 대표하는 문화유적이다. 위치는 국립해양박물관 건립 부지 바로 옆이다. 출토된 유물 중에는 6천 년 전쯤에 제작된 둥근 통나무배 형태의 토기가 있다. 당시 일본산으로 알려진 조몬토기와 흑요석도 나왔다. 일본 규슈지역과 대마도에선 동삼동 패총에서 나온 즐문토기가 숱하게 발굴됐다. 이로 미뤄 이미 신석기시대에 한·일 교류가 활발했고 동삼동은 그 중심지로 추정된다. 이런 유서 깊은 동삼동 패총 옆에 국립해양박물관이 들어서는 것은 역사의 안배가 아니겠는가. (부산일보, 2006.10.25)

부산의 오늘을 묻고 내일을 긷다

미래는 바다에 있다!

"부산권의 미래는 바다에 있다. 한국의 미래도 바다에 있다!"

바다는 자원의 보고이자 지구촌 인류에게 남겨진 마지막 프런티어이다. 바다를 활용한 새로운 해양산업의 육성은 21세기 국가 경쟁력을 좌우하는 전략적 핵심과제이다.

과거 서양의 해양국가들은 거친 파도와 싸우며 항로를 개척하고 바다를 지배함으로써 선진부국으로 도약했다. 15세기 대항해 시대 이후 아메리카와 아시아에 식민지를 개척한 스페인, 포르투갈이 한동안 세계 최강국을 다투었다. 이어 영국, 네덜란드, 프랑스 간에 치열한 제해권 장악 경쟁이 있었고, 여기서 승리한 영국은 '해가 지지 않는 대영제국(Pax Britannica)'을 구축했다. 국토 면적(24만4천110km²)이 한반도 남짓한 영국이 오랜 세월 세계 최강국으로 군림할 수 있었던 저력은 무엇일까. 먼저 섬나라이기에 해양 활용 기술이 예로부터 뛰어났던 점을 들 수 있다. 거기에다 바다의 중요성을 꿰뚫은 선지자들의 혜안과 개척정신, 국가적 리더십이 어우러졌다.

영국의 월터 롤리 경은 이미 17세기에 "바다를 지배하는 자가 무역을 지배하고, 세계의 부를 지배하며, 결국 세계를 지배한다"고 설파했다. 역시 영국 출신인 '경제학의 아버지' 애덤 스미스도 『국부론』(1776년)에서 "해양무역, 해양화 등 해양이용 능력이 국부의 원동력"이라고 역설했다.

오늘날 세계 각국은 바다를 국부 창출의 기반이 되는 경제영토로 인식, 영해는 물론 배타적 경제수역(EEZ)에 대한 해양주권 선언, 대륙붕 석유·천연가스 및 심해저 광물자원 개발에 이르기까지 불꽃 튀는 경쟁을 펼치고 있다.

바다는 지구 표면적 5억 1천10만km² 중 약 71%를 차지한다. 영해는 육지(기선)로부터 12해리(21.6km)까지이다. 국제법에 따라 영해의 상공·해저·하층토에까지 연안국이 주권을 행사한다. 우리 영해는 남한 면적(9.9만km²)의 71.2%인 7.1만km²이며, 통일이 되면 25만km²로 한반도 면적(22.1만km²)보다 넓다.

배타적 경제수역은 영해에 접속된 특정수역이다. 기선으로부터 200해리(370km)까지다. 우리의 EEZ는 남한 면적의 약 3.7배인 37.5만km²이며, 통일이 되면 63만km²로 한반도 면적의 약 3배에 이른다. 이 해역에서 해저, 하층토 및 상부수역의 천연자원에 대한 개발·탐사·보존에 관해 주권적 권리를 갖는다.

세계 각국의 바다 선점 경쟁은 어느 정도일까. 우선 국가경쟁력의 핵심요소인 물류 경쟁력을 높이기 위해 항만을 중심으로 국가 물류체계를 재정비하고 배후부지를 비롯, 제반 인프라를 확충하는 등 중심항만 경쟁이 날로 치열해지고 있다. 우리 정부도 부산항 등에 투자를 확대, 동북아 물류 허브로 성장시키기 위해 애쓰고 있다.

세계 각국은 또한 새로운 고부가가치 해양산업을 창출하기 위해 해양과학기술(MT) 개발 및 실용화에 박차를 가하고 있다. 우리 정

부산의 오늘을 묻고 내일을 긷다

부도 2015년까지 10년간 47개 첨단 해양과학분야에 연간 3천억~4천억 원씩 총 3조 3천400억 원을 투자할 계획이다. 투자 분야는 해양심층수, 대형 위그선, 해양에너지, 해양바이오 사업의 산업화 촉진과 신해 무인잠수정, 쇄빙선 등 첨단해양과학 장비의 지속적 확충, 극지 및 대양에 대한 해양조사능력 확대 등이다.

우리나라는 해양력(sea power)에서 세계 8위권 정도이다. 세계 5위 이내의 해양강국이 되려면 정부의 지속적인 해양 개척활동에 더해 해양을 적극 활용하려는 국민적 의지와 참여가 필수적이다. 이런 점에서 한국의 해양허브이자 동북아 물류 중심항을 꿈꾸는 부산에서 해양 분야 산·학·연·관·언이 어우러진 사단법인 해양산업발전협의회가 지난달 발족한 것은 의미가 자못 크다. 발기인이 500명을 넘어선 것만 봐도 해양입국의 열망이 얼마나 뜨거운지 알 수 있다. 해양협은 앞으로 산·학·연·관을 엮어 해양산업 발전을 위한 다양한 사업을 펼칠 계획이다. 또한 국립 해양박물관 부산 건립 등 해양문화 확산에도 매진하게 된다.

미래의 국가 흥망성쇠는 바다를 얼마나 잘 활용하느냐에 달려 있다. 20세기 초 미국의 국무장관 존 헤이즈는 "지중해는 과거의 바다요, 대서양은 오늘의 바다이며, 태평양은 미래의 바다"라고 갈파했다. 태평양을 향한 관문도시 부산항에서 동북아 해양허브의 꿈, 해양부국의 꿈이 무르익길 기대한다. (부산일보, 2006.08.16)

2장

풀뿌리 민주주의 20년,
부산을 돌아보다

'일자리 시장'의 앞길

"부산은 일자리 도시가 되어야 합니다. 창조경제시대에는 인재를 육성하고 과학과 산업기술을 혁신하는 것이 지속성장의 원동력입니다. 기업들이 가지고 싶어 하는 기술을 부산에서 만들고 기업들이 원하는 인재를 부산에서 키워 내겠습니다."

'일자리 시장'을 자처한 서병수 부산시장의 취임사 한 토막이다. 일자리 창출의 모범답안 같다. 인재 육성과 기술 혁신의 중요성도 잘 짚고 있다. '사람과 기술, 문화로 융성하는 부산'이라는 새 도시 비전과도 부합한다. 이대로만 되면 얼마나 좋겠는가. 문제는 실행이다.

그러나 현실은 결코 녹록지 않다. 부산은 제2도시이지만, 경제는 장기 침체 상태다. 인천국제공항을 가진 인천이 경제적으로는 제2도시나 다름없다. 국가 대표 무역항을 가진 부산은 항만물류가 발달했지만, 해운업체 본사들은 대부분 서울에 있다. 철옹성 같은 중앙집권제로 인해 서울의 힘은 너무 세다. 충청도까지 수도권화가 진행되고 있다. 부산은 서울에서 가장 먼 대도시다. 서울 번성의 온기와는 거리가 멀다. '일자리 도시'도 이러한 지피지기(知彼知己)에서 출발해야 한다.

서 시장은 임기 중 좋은 일자리 20만 개를 만들겠다고 공약했다. 그 핵심 수단이 'TNT 2030 플랜'이다. 인재 육성과 기술 혁신을 위해 매년 1조 원씩, 4년간 4조 원을 투자해 2030년대 부산을 한국 최

부산의 오늘을 묻고 내일을 긷다

고의 인재·기술 도시로 만들겠다는 계획이다. 이 플랜을 통해 해양플랜트와 ICT(정보통신기술) 융합, 에너지, 방사선의생명과학, 식품바이오 등 5대 미래 전략산업 클러스터를 조성하여 전문직 일자리 2만 개, 이들 전략산업 분야의 기업 유치와 벤처 창업 및 기존 제조업의 경쟁력 강화를 통해 새 일자리 10만 개를 만든다고 한다. 큰 꿈인데, 이뤄질까.

5대 미래 전략산업에 대한 재점검부터 필요하다. 부산시는 해양플랜트산업을 세계 최고 반열에 오를 수 있는 전략 종목으로 꼽고 있다. 2012년 11월 지정된 부산연구개발특구도 조선해양플랜트산업에 특화돼 있다. 그러나 최근 해양플랜트산업은 퇴조하고 있다. 국내 대형 조선사들은 비중을 크게 늘렸던 해양플랜트가 저가 수주로 손실이 커지자 벌크선·컨테이너선·탱커 등 상선 수주 강화로 돌아서고 있다. 사정이 더 어려운 중형 조선사들은 아예 해양플랜트 사업에서 철수 중이다.

부산시는 해양플랜트를 아우르는 신(新)해양산업의 허브에 역점을 두는 게 더 좋을 듯싶다. 북항과 신항의 역할 구분에 따른 물류허브 구축과 항만의 고부가가치화, 수산식품산업클러스터와 해양바이오산업 육성, 크루즈와 마리나 중심의 해양관광 및 해양금융 활성화 등이 일자리 창출 효과가 더 빠르고 클 것이다.

ICT 융합 클러스터는 사상스마트시티를 염두에 두고 있다.

ICT 관련 연구소들을 집적시켜 신소재, 메카트로닉스 등 지식기반형 첨단산업단지로 탈바꿈시키려는 것이다. 국내 ICT산업은 최고 기업 삼성전자의 실적 악화에서 보듯 스마트폰 이후의 미래 성장동력 발굴에 애를 먹고 있다. 부산은 국내 기업과 연구소는 물론 미국, 유럽, 일본, 중국 등에서도 유치 활동을 펴야 할 것이다.

에너지산업 도시는 고리1호기 폐쇄·해체 관련 산업과 해상 풍력 발전 등 신재생에너지 산업에서, 방사선의생명과학은 기장과 경남 양산의 관련 시설을 연계하는 글로벌 메디컬클러스터 조성에서 기회를 찾아야 한다.

일자리 창출은 기업이 한다. 비중 있는 혁신기업을 유치하면 날개가 달린다. 미국 워싱턴 주 시애틀은 30여 년 전까지만 해도 실업률이 높고 살기 힘든 해안도시였다. 그러나 이곳 출신인 빌 게이츠와 폴 알렌이 마이크로소프트를 공동 창업한 뉴멕시코 주 앨버커키에서 1979년 회사를 옮겨 오자 시애틀은 세계적인 소프트웨어산업의 중심지로 도약했다. 마이크로소프트가 자리 잡자 아마존 등 유관 기업이 몰려들고, 일자리가 급증했다.

일자리 도시의 성패는 좋은 혁신기업 유치에 달렸다. 부산시는 곧 '좋은 기업 유치위원회'와 '좋은 기업 유치단'을 꾸린다. 시장이 선봉장이 돼야 한다. 서울과 차별화되는 부산만의 강점도 키워야 한다. 규제를 혁파하여 기업하기 좋은 도시로 바꾸고, 외국인들도 살

부산의 오늘을 묻고 내일을 긷다

기 좋은 도시로 만들어 천혜의 자연환경까지 부각시키면 글로벌 혁
신기업 유치에 서광이 비칠 것이다. (부산일보, 2014.07.11)

허 시장과 새 시장

2014년 새해가 열리면서 차기 부산시장을 향한 선거전도 점차 가열되고 있다. 출마 선언, 출판 기념회, SNS 소통, 신문과 방송 인터뷰 등을 통해 후보들은 세 불리기, 얼굴 알리기에 바쁘다. 덩달아 현직 허남식 시장과의 차별화도 불붙고 있다. 과연 이들 중 누가 돼야 부산의 미래가 활짝 열릴 것인가.

차기 시장의 역량을 가늠해 볼 수 있는 잣대는 허 시장이다. 허 시장의 과실은 당연히 차기 시장의 타산지석이 되어야 한다. 그러나 선거철이라 하여 사실 자체를 왜곡해서는 안 될 것이다. 허 시장은 한국매니페스토실천본부의 민선5기 공약 이행평가에서 3년 연속 최우수 등급을 받았다. 허 시장은 자칫 복지부동으로 흐르기 쉬운 공무원 조직을 무난히 장악했다. 그런 통솔력으로 도시 발전의 기틀인 인프라 구축에 상당한 결실을 거두었다. 광역교통망과 해안순환도로망 구축, 강서 그린벨트 1천만 평 해제를 통한 국제산업물류단지 및 연구개발특구 추진 등이 대표적이다. '산복도로 르네상스 사업'은 국내 도시재생 사업의 전범이 되고 있다.

차기 시장 후보들은 부산의 밝은 면보다 어두운 면에 더 눈길을 주기 마련이다. 경제가 최악 상태이고, 시민 삶의 질이 바닥이라는 주장도 나온다. 분명히 허 시장은 지역경제 침체의 책임에서 자유롭지 못하다. 하지만 지금 차기 시장을 꿈꾸는 이들은 부산을 바꾸기 위해 여태 어디서 무엇을 했는가. 그들이 허 시장보다 시정을 더

선거전 가속되며 현직 시장과 차별화 전략 점화
역동적 리더십 가진 '일자리 시장' 찾아 뽑아야

잘 이끌지에 대해 고개를 갸웃거리는 시민이 한둘이 아닌 이유가
뭔지…. 허 시장과의 차별화는 필요하겠지만, 비전과 공약은 부산
의 빛과 그림자에 대한 냉철한 현실 인식과 자기 성찰에서 출발해
야 한다. 그래야 시민들의 공감을 살 수 있을 것이다.

부산지역 경제가 어렵고 시민들의 삶이 팍팍한 것은 사실이다.
그렇지만 부산만 그런 건 아니다. 세계금융위기 여파와 환율 변동
등으로 국가 경제 전체가 힘든 상황이다. 청년층 고용률이 30%대
로 추락, 외환위기 때보다 악화됐다. 게다가 수도권 초집중화로 비
수도권은 상대적 박탈감마저 심화되고 있다. 수도권화되고 있는 충
청권을 제외하면 지방 중에서 부산은 그나마 선전하고 있는 편이
다. 2008년부터 전출기업보다 전입기업이 늘고 있는 점도 한 줄기
빛이다.

차기 시장이 부산을 도약시키려면 지역 특성을 살린 견고한 경제
시스템 구축에 매진해야 한다. 박근혜 대통령의 공약인 '동북아 해
양수도 건설'이 이정표가 될 수 있다. 해양수도는 신(新)해양경제
허브 구축이 필요조건이다. 그 핵심은 부산항 신항 중심의 물류허
브 구축, 북항 일원의 해양경제특별구역 조성, 남항 중심의 수산식
품산업클러스터 구축이다. 여기에 선박금융 강화를 통한 금융중심
지 조성 가속화, 해양 플랜트 · 바이오 · 관광레저산업 육성 등을 더
해야 할 것이다.

10년이면 강산도 변한다고 했다. "허 시장이 '안정적'이었던 만큼 차기 시장으로는 '역동적'인 리더가 요망된다." 시민들의 이심전심이 아닌가 싶다. 역동적인 리더는 현장을 누비는 리더다. '기업하기 최고 좋은 도시'를 기치로 산·학·연·관 연대와 우량 기업 유치에 총력을 경주해야 한다. 외국 기업 및 자본 유치를 위해 해외로 날아다니는 '다이내믹 시장'이 돼야 한다. '일자리 창출'에 시장 직을 걸면 더 좋다.

시대를 꿰뚫는 통찰력과 국제적 감각도 긴요하다. 차기 시장은 경남·울산과 경제적 통합을 넘어 행정적 통합까지 내다보면서 상생에 더 많은 관심을 쏟아야 한다. 동남권과 일본 규슈권을 엮는 한·일해협경제권 구축, 통일시대를 대비한 북한 지자체와의 교류 활성화, 환동해권 및 유라시아 관문도시 역할 정립 등은 부산의 미래를 위한 시금석이 될 수 있다. 허 시장이 도시 인프라를 많이 구축한 만큼 차기 시장은 시민 삶의 질 향상에 더 큰 비중을 둬야 한다. 난개발을 막고, 친수공간과 공원·녹지 조성 및 문화 향유 기회 확대에 나서야 한다.

허 시장은 부산시장을 세 번 하면서도 대권주자 반열에 오르지 못했다. 관료 출신으로 지향점이 달랐다. 많은 시민이 정치적 허기를 느끼는 이유다. 이런 허기를 달래 줄 차기 시장의 정치적 장래성은 시민들의 자긍심과 맞닿는다. 시장 경험이 대권주자급 도약으로 이어지리라는 믿음을 줄 수 있으면 더할 나위가 없을 터이다.

지금 부산은 과제가 산적해 있다. 신공항 건설과 북항 재개발을 필두로 아직 진행 중인 대형 프로젝트들이 숱하다. 차기 시장의 역할이 중차대하다. 6월 4일 지방선거에서 성실성과 도덕성을 바탕으로 통찰력과 추진력을 겸비한 차기 시장이 등장할 것인가. 그런 시장을 찾아 뽑는 것은 선거권을 가진 부산시민들의 몫이다. (부산일보, 2014.01.17)

북한 사태와 부산의 미래

　노랗게 물든 가로수 은행잎이 지는 걸 보면 누구나 겨울이 다가왔다는 걸 알 수 있다. 하지만 지도자는 보통사람과 달라야 한다. 낙엽을 떨군 나무는 겨울 추위 속에서도 봄 새순을 부지런히 도모한다. 지도자는 나뭇잎 하나가 떨어지는 걸 보고 천하에 가을이 오는 걸 알고, 낙엽이 우수수 지는 걸 보고 봄의 새순까지 내다볼 수 있어야 한다.

　최근 북한에 격변이 일어났다. 세습 3대째인 김정은이 후견인 역할을 했던 고모부 장성택을 숙청했다. 그것도 체포한 지 나흘 만에 총살, 후진적인 북한의 인권 상황을 민낯으로 드러냈다. 지난 17일 열린 김정일 2주기 추모 행사는 김정은 유일체제 다지기를 대내외에 알린 무대였다. 그러나 김정은 체제의 불안정성을 노정했다는 지적도 많다. 북한발(發) 한반도 급변 가능성과 남북한 관계 변수에 대해서는 정부가 철저히 대응해야 한다.

　이번 사태만으로 북한의 붕괴를 섣불리 예단할 수는 없다. 하지만 달도 차면 기울듯 '김일성 왕조'의 쇠락이 빨라지고 있다는 건 짐작할 수 있다. 여기서 우리는 자문해야 한다. 통일 대비 태세는 어떠한가? 북한의 붕괴를 받아들일 준비가 덜 된 상태에서 통일이 되면 엄청난 혼란이 생길 것이다. 통일 비용도 훨씬 증폭될 게 뻔하다. 국가 지도자는 낙엽 하나에서 천하의 가을을 느끼는 통찰력을 발휘, 통일 준비 태세를 엄중히 진단하고 업그레이드시켜야 한다.

부산의 오늘을 묻고 내일을 긷다

분단은 유라시아 관문도시 부산 발전 큰 걸림돌
차기 시장, 통일시대 내다보며 담대한 구상 펴야

통일은 한반도에 대변동을 초래할 것이다. 수십 년간 충돌해 온
두 체제의 통합이 간단할 리 없다. 하지만 독일 통일의 사례에서 보
듯, 혼란은 결국 극복되기 마련이다. 통일시대가 열리면 한반도의
미래도 밝아진다. 남북한의 인구와 영토 통합은 '규모의 경제' 실현
과 국력 신장으로 이어질 것이다. 통일 한국의 총체적인 미래 구상
은 정부에 맡기자. 여기서는 통일 한국과 부산의 미래를 짚어 보자.
　분단은 부산 발전의 크나큰 걸림돌이다. 부산은 동아시아 물류
거점이자 시발점이다. 박근혜 대통령은 2013년 10월 8일 '유라시아
이니셔티브'를 주창했다. 유럽과 아시아 대륙을 하나의 시장으로
묶자는 구상이다. 이 구상의 핵심이 '실크로드 익스프레스(SRX·유
라시아 철도)'이다. 유라시아 철도는 한반도종단철도(TKR)와 시베
리아횡단철도(TSR)의 연계를 뜻한다. 박 대통령은 지난달 18일 국
회 시정연설에서 "유라시아 철도를 연결해서 부산을 출발해 북한,
러시아, 중국, 중앙아시아, 유럽을 관통하는 실크로드 익스프레스
를 열어갈 수 있을 것"이라고 했다.
　통일이 되면 부산을 출발한 열차가 북한을 관통, TSR 직통노선
은 물론 TCR(중국횡단철도), TMGR(몽골횡단철도), TMR(만주횡단철
도) 등 경유노선을 통해 유럽까지 연결된다. 문제는 TKR의 열쇠를
쥔 북한의 행보를 예측하기 어렵다는 점이다. 개성공단 가동 중단
사례에서 보았듯이 언제 돌발사태가 일어날지 모른다. 통일이 되면

이런 불확실성이 사라진다.

2013년 11월 13일 서울에서 열린 한·러 정상회담은 희망의 단초를 제공했다. 박 대통령과 블라디미르 푸틴 러시아 대통령은 양국이 여러 분야에서 협력하기로 합의했다. 가장 큰 성과 중 하나가 '나진(북한)-하산(러시아) 프로젝트'에 우리 기업이 참여하는 양해 각서 체결이었다. 러시아와 북한은 지난 9월 나진~하산 5km 철도를 개통했다. 통일이 될 때까지 부산은 나진-하산 프로젝트를 적극 활용해야 한다. 부산항에서 나진항까지 화물을 싣고 가 하산 구간을 거쳐 TSR를 이용하면 유럽까지 갈 수 있다.

부산은 동북아 해양수도를 꿈꾼다. 해양물류의 허브이기에 가능한 꿈이다. 항공물류 활성화는 가덕도 신공항 건설에 달렸다. 육상물류 거점 여부는 남북한 철도를 이어주는 통일이 관건이다. 남북한 관계는 기본적으로 정부 몫이다. 하지만 독일 통일에는 서독-동독 간 협상에 더하여 지자체 간 교류·협력이 큰 몫을 했다. 부산도 정부의 협조와 승인 아래 북한 지자체와의 교류를 다각도로 모색할 필요가 있다.

통일 한국의 세 축은 서울, 평양, 부산이 될 것이다. 차기 시장은 통일시대를 내다보며 부산의 미래를 담대하게 그릴 수 있어야 한다. '유라시아 관문도시' 부산의 역할을 어떻게 정립하여 지역경제 도약을 이끌 것인가? 육·해·공 물류허브 전략과 글로벌 명품도

시 비전을 어떻게 조화시킬 것인가? 점차 가시화되는 북극항로시대와 환동해권시대를 부산이 어떻게 주도할 것인가? 낙엽에서 새순을 보는 통찰력과 강한 추진력을 갖춘 시장을 갈망한다. (부산일보, 2013.12.20)

부산국제영화제와 창조경제

영화의 바다는 뜨겁다. 15년 만에 찾아온 가을 태풍 '다나스'도 부산의 영화 열기를 식히지 못했다. 부산의 가을을 수놓는 영화제가 벌써 18세 청춘이 됐다. 지난 3일 개막식을 시작으로 내일까지 열리는 부산국제영화제(BIFF)는 아시아를 대표하는 영화 축제로 확실히 자리매김했다. 영화제 창설 당시 부산시청 출입기자로 탄생 과정을 눈여겨봤던 필자는 BIFF의 눈부신 성장이 정말 놀랍고 뿌듯하다.

올해 영화제 기간 동안 영화의전당 등 시내 7개 극장 35개관에서 70개 나라 299편의 영화가 상영된다. 영화제를 찾은 국내외 영화배우와 감독, 영화 관계인 수는 1만 2천여 명, 영화 관람객은 20만 명이 훌쩍 넘을 전망이다. 영화 상영과 각종 행사가 열리는 센텀시티와 해운대 해변, 중구 남포동 일대 숙박시설과 유통업체, 음식점 등은 영화제 특수로 함박웃음이다. 부산발전연구원은 BIFF의 경제적 효과를 생산유발효과 774억 원, 취업유발효과 1천100여 명으로 분석했다. 도시 브랜드 파워도 엄청난 상승효과를 얻고 있다.

부산이 영화의 도시로 떠오른 것은 오롯이 BIFF의 공(功)이다. 축구장 2.5배 면적의 지붕과 4천 석 규모의 야외극장을 갖춘 영화의전당을 전용관으로 갖게 된 것이나 영화진흥위원회와 영상물등급위원회, 게임물관리위원회 등 영화 및 콘텐츠 관련 기관들을 부산으로 이끈 추동력도 BIFF의 성공에서 비롯됐다. 또 있다. 박근혜 대

부산의 오늘을 묻고 내일을 긷다

18회 맞은 BIFF, 아시아 대표 영화 축제로 우뚝
펀드 조성, 서울과 차별화로 영화산업 꽃피워야

통령의 대선 공약인 '국제 영상 콘텐츠 밸리 조성사업'도 가시화하고 있다. 기획재정부가 내달 이 사업의 핵심인 '기장군 아시아 종합 촬영소' 건립을 위한 예비 타당성 조사에 착수한다.

그런데 뭔가 허전하다. 영화제 명성에 훨씬 못 미치는, 취약한 영화산업의 현주소' 탓이다. 영화제에 인파가 몰려들고 부산에서 부분 촬영하는 영화가 늘고 있지만, 영화산업 발전은 아직 갈 길이 아득하다. 박 대통령은 얼마 전 부산을 찾아 영화인들과 간담회를 가졌다. 이 자리에서 박 대통령은 "문화융성의 핵심이자 창조경제의 원동력인 영화산업이 우리 경제를 살찌우는 효자가 될 수 있도록 정부도 최선을 다해 돕겠다"고 밝혔다. 부산의 창조경제 표본인 BIFF에서 일자리 창출과 도시 발전의 과실을 영글게 하려면 영화산업의 꽃을 피워야 한다. 박근혜정부 5년이 호기다.

"능숙한 운전자와 멋진 차가 있었지만 기름이 없어 달리지는 못했다. 오늘 기름을 넣었다. 이제 신나게 달리는 일만 남았다." 지난 7월 하순 '부산영화펀드'가 출범한 뒤 영화 〈도가니〉 제작사 대표가 한 말이다. 여기서 '운전자'는 부산 지역의 영화 인력과 조직, '차'는 영화 인프라, '기름'은 영화 제작을 위한 자본이다. 부산이 영화산업의 메카가 되려면 영화 제작이 활성화돼야 한다. 여기에는 자본 투자가 필수다. 그 주춧돌 격인 부산영화펀드는 부산영상위원회가 30억 원, 제작사와 창투사 등이 20억 원을 출연했다.

부산영화펀드의 투자를 받으려면 제작사는 부산에서 70% 이상 영화를 촬영해야 하고 부산에 본사나 지사, 특수목적법인(SPC) 등의 형태로 사업자 등록을 해야 한다. 영화 제작사와 관련 인력이 부산에 둥지를 틀도록 하자는 것이다. 좋은 영화를 기획해서 펀드 투자를 받고, 펀드도 수익을 내는 선순환 구조가 정착되도록 해야 한다. 그렇게 해서 제2, 제3의 영화펀드가 계속 만들어져야 할 것이다.

다음은 서울과 차별화된 영화도시 부산의 위상 세우기다. 미국의 예를 들어보자. 미국의 대표적 영화도시는 동부의 뉴욕과 서부의 로스앤젤레스. 뉴욕은 마이너영화인 독립·실험 영화의 산실이다. 반면 할리우드가 있는 로스앤젤레스는 메이저영화인 블록버스터 영화의 중심지다. 영화 기획·제작사가 몰려 있는 서울이 로스앤젤레스 격이라면, 부산은 뉴욕을 벤치마킹할 필요가 있다. 서울을 기존 한류 콘텐츠의 중심지로 인정하고, 부산은 아시아를 대상으로 영화 콘텐츠를 제작·유통하는 허브를 지향하자는 것이다.

이용관 BIFF 집행위원장은 "부산국제영화제는 아시아 영화를 발굴하고 지원하는 영화제로, 아시아 영화인들이 서로 소통하는 축제의 장"이라고 했다. 오석근 부산영상위원회 운영위원장은 "영화도시 부산의 도약은 아시아 영화인들을 체계적으로 교육하는 사업에서 출발해야 한다"고 주장한다. 이처럼 BIFF가 추동하는 영화도시 부산의 미래는 아시아와 직결돼 있다. 부산이 '영화 보기 좋은 도

부산의 오늘을 묻고 내일을 긷다

시'에 더해 '영화 제작하기 좋은 도시'가 되려면 BIFF와 아시아, 영화산업 발전이란 3개 축을 잘 엮어야 한다. 그게 부산의 미래와 창조경제를 융합하는 해법일 듯싶다. (부산일보, 2013.10.11)

부산의 빛과 그림자

부산이 제2도시라는 말은 식상하다. 유럽 재정위기에 온 세계가 동시에 몸살을 앓는, 국제 교역과 교류가 일상화된 지구촌 시대에 한국 2위 도시라는 단순 순위는 큰 의미가 없다. 권한, 돈, 인재가 몰려 있는 서울이 월등히 앞서 간다고 주눅 들 필요도 없다. 서울과 비교하면서 열패감에 빠지지 말자는 것이다. 부산은 자체 특성을 살려, 사는 이가 행복하고, 찾는 이가 즐거운 글로벌 도시로 우뚝 서면 된다.

'2012 라이온스 부산세계대회'(6월 22~26일·벡스코)는 글로벌 도시 부산의 미래를 환히 밝혔다. 120개국 5만 5천272명, 외국인 1만 3천529명. 이번 대회 참가자 수다. 단일 행사에 글로벌 인사가 한꺼번에 이렇게 많이 모인 것은 부산 역사상 처음이다. 국내 전체로 쳐도 최대 규모다. 한국기록원은 이미 한국 최대 컨벤션 행사로 공식인증을 했다.

해운대 마린시티 일원에서 지난달 23일 한나절에 걸쳐 펼쳐진 국제 퍼레이드는 그야말로 장관이었다. 120개국 4만여 명이 참가, 나라별로 출발한 행렬이 꼬리를 물고 이어졌다. 연도에 늘어선 시민들도 아낌없는 환영의 박수를 보냈다. 민속의상을 한 참가자들도 활짝 웃으며 깃발과 손을 흔들었고, 일부는 행진 도중 대열을 잠시 벗어나 춤을 추거나 시민들과 사진을 함께 찍기도 했다. 국제적인 민간 축제의 장이었고, 글로벌 도시 부산의 정수를 본 느낌이었다.

부산의 오늘을 묻고 내일을 긷다

라이온스대회-인구추계 명암 극명한 대비
자력갱생 기치로 '행복한 세계도시' 추구를

대회 기간 중 해운대와 광안리, 범어사, 자갈치시장, 유엔기념공원 같은 명소가 각광받았으며, 백화점과 면세점 등은 외국인 쇼핑객이 몰려 특수를 누렸다. 이번 대회를 통해 부산의 도시브랜드 가치가 크게 도약했다. 전시·컨벤션산업 활성화 효과도 컸다. 아시아 4위, 세계 15위의 컨벤션도시인 부산의 위상이 부쩍 높아졌다.

반면 저출산 고령화의 심각성은 부산의 암울한 그림자다. 통계청이 최근 발표한 '2010~2040년 장래인구추계 시·도편'에 따르면 부산 인구는 2040년 302만 명으로 2010년에 비해 13.0%(45만명)가 줄어든다. 전국 시·도 중 최고의 인구감소율이다. 6~21세 학령인구의 30년간 감소율도 -47.2%로 부산이 가장 크다. 반면 고령화 속도는 가팔라 2040년 65세 이상 인구 비율이 35.9%에 이른다. 저출산 고령화는 생산가능인구(15~64세) 감소와 직결된다. 부산은 향후 30년간 생산가능인구 감소율이 -36.7%로 역시 전국 최고다.

출산율을 높여 고령화를 극복하고, 활기찬 도시를 만들어야 한다. 부산의 합계출산율은 2011년 1.08명으로 2010년 1.04명보다 조금 늘었다. 그러나 여전히 전국 평균(1.24명)에 비해 너무 낮다. 저출산 대책은 정부 몫이 크다. 일자리 창출로 청년층의 고용 불안을 덜고, 주거비용 낮추기와 가계 부담이 큰 자녀 사교육비 해소에 팔을 걷어붙여야 한다. 여성의 경제활동 활성화를 위해 어린이 양육 지원 및 보육시설 확대는 물론 기업들의 적극적인 동참도 이끌어내야 한다.

부산시도 자체 대책을 세워 강력히 추진해야 한다. 좋은 일자리가 많아야 신랑감 신붓감을 구하기 쉽고, 아이도 많이 낳게 된다. 대기업, 해외기업 유치와 컨벤션, 영상, 게임, 금융, 유통 등 신성장 동력 산업 육성이 관건이다. 결혼율 높이기 붐 조성도 좋다. 부산시와 16개 구·군, 각종 공기업과 민간 기업이 힘을 합쳐 미혼남녀 소개팅, 단체 맞선, 취미·봉사 활동 함께하기 등 다양한 이벤트를 지속적으로 펼쳐야 한다. 부산시와 시교육청, 시경찰청이 합세해 '왕따 걱정, 범죄 걱정 전혀 없는 학교'를 만들면 학부모들의 유입도 늘 것이다.

최근 일본 기업들은 공장을 태평양 연안이 아닌, 동해 쪽으로 짓는다고 한다. 부산항으로 제품을 실어내는 데 유리하기 때문이다. 실제 중국에서 미국으로 수출할 경우 태평양으로 곧장 가기보다 한국 남동해를 거치는 항로가 이틀 정도 빠르다. 부산항이 중간 기착지로 유망한 이유다. 세계적인 항만에다 신공항이 어우러지면 부산은 동북아 비즈니스 중심도시로 우뚝 설 수 있다. 부산 정치권이 '부산국제공항공사법' 제정에 나서고, 부산상공회의소가 김해공항 가덕도 이전 등을 연말 대통령 선거 공약에 적극 반영해 줄 것을 정치권에 요구하기로 한 것은 바람직스럽다.

천혜의 자연환경과 지리적 이점을 가진 부산은 축복받은 도시다.

부산의 오늘을 묻고 내일을 긷다

특성은 살리고, 그림자를 걷어내면 행복한 세계도시가 열릴 것이다. 부산의 미래는 자체 역량에 달렸다. 물론 정부와 중앙 정치권의 힘이 센 건 사실이다. 다른 지역 지자체나 정치권과도 상생이 기본이다. 그러나 신공항을 비롯한 지역현안 해결을 위해 최대한 협조를 구하되, 어깃장에는 강력히 맞서야 한다. 시장 국회의원 등 지역 리더들이 앞장서고, 시민들이 뭉치면 된다. 자력갱생도 흔쾌히 감내할 각오와 자신감을 바탕으로! (부산일보, 2012.07.06)

'독한 경영'과 부산의 선택

　삼성전자가 서울이라 치면 LG전자는 부산에 비유할 수 있다. LG 전자도 1위 제품이 상당하지만, 매출액 영업이익 시가총액 등 여러 경영지표에서 삼성전자에 한참 못 미친다. 2위 LG전자는 가전 휴대폰이 핵심사업이다. 반면 1위 삼성전자는 가전 휴대폰에다 디스플레이 반도체까지 가진 초거대기업이다. 부산은 국내 최대 무역항이 있는 제2도시이지만, 수도 서울은 권한, 돈, 인재를 싹쓸이하는 블랙홀 같은 초거대도시다.

　LG전자는 지난 2년여 동안 아주 힘든 시절을 보냈다. 애플이 혁신의 불을 확 지른 스마트폰 경쟁에서 뒤졌기 때문이다. 휴대폰 사업부의 적자 지속으로 회사 전체가 흔들리고, 주가는 급락했다. LG 그룹은 2010년 10월 오너 CEO(최고경영자)를 투입했고, 그는 '독한 경영'을 주창했다. 드디어 그 성과가 나타났다. 최근 LG전자는 2011년 4분기 휴대폰 사업부가 지긋지긋한 6분기 연속 적자에서 벗어났고 회사 전체로도 흑자를 냈다고 밝혔다. 주가도 반등했다.

　여기서 주목하고자 하는 것은 '독한 경영'이다. 전임 CEO가 기술개발보다 마케팅에 열을 올린 반면, 오너 CEO는 연구개발과 현장강화에 독기를 내뿜었다. 그는 임직원들에게 적자생존의 비상수단으로 '독한 경영'을 설파했고, 전사적 공감대를 형성하여 회사를 기사회생의 길로 이끌었다. '독하다'는 말은 뉘앙스가 별로 안 좋다. 그러나 적자생존의 비정한 승부 세계에서는 살아남는 게 제1의 철

부산의 오늘을 묻고 내일을 긷다

칙이다.

부산은 어떤가. 이명박 정부 4년 동안 부산은 참담할 정도로 홀
대당했다. 1990년대부터 김해국제공항을 대체할 신공항을 건설해
야 한다고 그토록 주창했건만, MB정부는 어영부영 시간을 끌다
2011년 3월 동남권 신공항을 백지화해버렸다. 민·관이 힘을 합쳐
가덕도신공항 건설을 줄기차게 촉구했지만, 뒤늦게 경합 후보지로
부상한 밀양을 둔 경남보다 정작 대구·경북이 더 극성을 띤 정치
논리에 밀려 말짱 도루묵이 되고 말았다. 2007년 대선에서 동남권
신공항을 공약한 이 대통령은 부산에서 "정치 논리가 아니라 경제
논리에 따르겠다"고 했던 약속을 저버렸다. 부산 시민들은 크게 낙
담했고 자존심에 깊은 상처를 입었다.

부산항 개항 이래 최대 역사라는 북항재개발 사업은 또 어떤가.
미국발 금융위기가 세계적으로 확산되던 2008년 12월 MB정부는
북항재개발 사업을 '한국형 뉴딜 10대 정책'에 포함시켜 국비 6천
200억 원을 지원, 완공시기를 2015년으로 4년 앞당기겠다고 공표
했다. 그러나 약속과는 달리 국비 지원은 '언 발에 오줌 누기'에 그
치고 있다.

4·11총선을 앞두고 대구·경북 시민사회단체들이 제기했던 남부
권 신공항을 새누리당 박근혜 비상대책위원장이 9일 선거공약으로
공식화했다. 동남권 신공항도 놓쳤는데, 호남과 충청 일부까지 포함

하는 남부권 신공항이 되면 부산 유치 가능성은 더욱 희박해질 것이다. 김해공항가덕이전범시민운동본부는 이날 긴급 모임을 갖고 "박위원장은 부산 시민과 결별하려느냐"는 규탄 성명서를 냈다.

주권재민(主權在民)이다. 시민들은 선거를 통해 주권을 행사해야 한다. 정치판이 구리고 선거판이 '그 나물에 그 밥'이라고 외면하면 또 수모를 당한다. 동남권 신공항이 부산 앞바다를 벗어나 떠내려가도, 북항재개발 사업이 지지부진해도 '나 몰라라' 하는 정치인이 어찌 시민들의 대표인가. 너무 쉽게 국회의원이 돼서 그러한가. 당선만 되면 지역과 시민을 외면하는 정치인을 왜 뽑아야 하는지 묻지 않을 수 없다.

1958년 부산에서 금성사로 출발한 LG전자는 1위 글로벌 기업이 되겠다는 의지를 숨기지 않는다. 그 꿈을 잃는 순간 곧 도태된다는 냉엄한 현실 때문이다. 변화에 둔감하고 안주하면 그대로 뒤처지는 혁신의 시대, 적자생존의 원칙이 적용되기는 기업이나 도시나 마찬가지다. 부산도 국내 제2도시를 넘어 시민들이 행복한 삶의 질 세계 1위 도시를 꿈꿔야 한다. '그래도 제2도시'라는 미망에 사로잡혀 꿈을 잃는 순간, 쇠락하고 만다.

부산과 부산 사람, 이제 독해져야 한다. 국익과의 조화도 중요하지만, 부산의 미래가 걸린 중대사안에 대해서는 시장부터 '독한 행정'의 결기를 보여야 한다. 시민들도 앞으로 4, 5년을 후회하지 않

부산의 오늘을 묻고 내일을 긷다

으려면 올해 총선과 대선에서 부산의 의지를 확실히 보여 줘야 한다. 선택 기준은 어느 후보가, 어느 정당이 부산의 발전을 위해 '독기'를 품고 올인(all in)할 수 있느냐가 돼야 하지 않을까. 부산의 생존과 발전을 위해 온몸을 던질 유능하고 훌륭한 정치인들이 많이 등장하길 학수고대한다. 시민들이 유권자 혁명의 결연한 의지를 다져야 할 시점이다. (부산일보, 2012.02.10.)

'무걱정 시장 후보'에게 드리는 제언

"시민 여러분! 부산은 실업률이 매우 높고, 노인인구가 가장 빠르게 늘어나고, 출산율은 13년째 전국 꼴찌인 도시입니다. 살기 싫은 부산, 떠나고 싶은 부산을 확 바꾸고 꿈과 희망이 있는 부산을 만드는 데 앞장서겠습니다."

6·2 지방선거를 앞두고 시민단체들이 모여 만든 '부산을 바꾸는 시민네트워크'가 가상의 부산시장 시민후보로 탄생시킨 '기호 0번 무걱정' 씨! 시민의 한 사람으로서 그대의 출마가 실제 후보자들에게 큰 자극을 주길 기대하면서 공약이 될 만한 몇 가지 제언을 드립니다.

첫째, 부산의 미래 비전을 명확히 제시하십시오. 지금 시민들은 5년 뒤, 10년 뒤, 50년 뒤 부산이 어떤 도시로 발전해 나갈지 몹시 궁금해합니다. 부산의 비전은 '서울 걷어차기'에서 비롯돼야 한다고 봅니다. 부산은 서울보다 인구가 훨씬 적고, 권력과 돈도 비교대상이 안 됩니다. 이런 판국에 매사를 서울과 비교하고 열등감에 젖는 '서울 따라가기'에 계속 매달리면 부산은 2위 도시의 숙명적 굴레에서 벗어나기 어렵습니다. 독창적인 '마이 웨이'가 부산이 살 길입니다.

부산은 서울이 갖지 못한, 해안 절경을 이루는 바다와 멋진 산, 강이 있습니다. 여기다 온천, 호텔, 요트, 골프장이 어우러지고, 경제대국 일본에 인접한 지리적 이점과 동아시아 유수의 항만도시라는 브랜드파워를 가지고 있습니다. 이처럼 매력적인 부산만의 도시

부산의 오늘을 묻고 내일을 긷다

'서울 걷어차기'로 2위 도시 굴레 벗어야
명확한 비전 제시와 화끈한 리더십 갈망

특성을 잘 디자인해 '살기 좋고, 놀기 즐거운, 세계적인 해양·문화 도시'로 만들면 어떨까요?

살기 좋은 도시가 되려면 좋은 일자리가 많아야 합니다. 일자리는 기업인들이 만듭니다. 부산은 공장 땅값이 다른 지역보다 비싼 만큼 떠나려는 기업을 붙잡고, 새로운 기업을 유치하려면 인허가를 비롯한 행정절차와 각종 지원책을 '빨리빨리' 처리하는 체제를 갖춰야 합니다. 산업현장을 누비며 기업의 가려운 곳을 꾹꾹 긁어주는 창의적인 공무원들을 대거 요직에 발탁하고, 외부 수혈도 과감히 하십시오. 고시 기수나 '짬밥'에 얽매여 공무원들이 '철밥통'에 안주하는 동안 시민들은 일자리가 없어 피눈물을 흘리고 있습니다. 시민들도 착한 기업, 성실한 기업인을 존중하고 기업인들 역시 나눔의 미덕을 한껏 발휘해야 하겠지요. 이러한 상생의 도시문화가 뿌리내려 '기업하기 가장 좋은 도시'가 되도록 민·관 합동의 시민운동 전개를 제안합니다.

둘째, 고령사회와 초고령사회로 변하는 현실을 감안해 '노인을 존중하는 도시문화'를 확산시키면 어떨까요? 노인 일자리 창출을 위한 사회적 기업을 획기적으로 늘리고, 이런저런 행사에서 노인을 공경하는 문화가 일상화되면 노인들의 경제력과 자긍심, 씀씀이가 커질 것입니다. 또 천혜의 자연환경에다 기상마저 좋은 '노인 천국'으로 소문나면 국내는 물론 일본, 중국, 동남아의 부자들이 부산 기장~해운대~광안리 일대에 별장을 하나씩 갖는 유행이 일어나지 않을까요?

셋째, 부산을 교육의 메카로 만드십시오. 부산·진해경제자유구역에 해외 유명대학의 분교를 적극 유치하고, 부산의 국립대학을 하나로 통합해 세계적인 대학으로 육성하는 한편 사립대학들도 산업현장과 연계시켜 특성화하면 젊은 인재들이 몰려들고, 또 자녀교육을 위해 부산으로 이사 오는 학부모들도 늘어날 것입니다. 외국인학교도 많이 늘려 외국인들이 살기 좋은 도시로 느끼도록 하십시오.

넷째, 시민들의 삶의 질을 높이려면 대형 공연장과 미술관, 박물관 등 문화시설 확충이 필요합니다. 외국서 온 유명 공연·전시를 보러 서울까지 가야 한다면 살기 좋은 도시라고 할 수 있겠습니까. 또한 피서객들이 해수욕장을 메우는 여름철뿐만 아니라 사시사철 관광객이 북적이는, 놀기 즐거운 도시가 되려면 부산국제영화제, 불꽃축제, 게임전시회 G스타 같은 대형 이벤트 개발과 함께 체류형 관광을 위한 다양한 인프라 구축이 요구됩니다.

다섯째, 부·울·경을 하나로 묶는 일에 앞장서십시오. 경제산업적으로 하나가 된 지 오래지만 행정적 통합이 안 되다 보니 부산 신항 관할문제 등 부작용이 속출합니다. 더불어 부산권-규슈권을 엮는 한·일해협경제권 활성화를 적극 도모하십시오. 침체된 경제 중

홍의 돌파구가 열릴 것입니다.

 부산시장이 되면 해야 할 일이 얼마나 많겠습니까. 동북아 항만·물류 및 아시아 영화·영상 중심도시 구축, 동부산관광단지·문현금융단지·강서국제산업물류단지 조성, 관광·컨벤션 역량 강화, 광역 교통망 확충, 부산 신항 활성화, 북항 재개발, 신공항 등 현안 과제만 해도 산더미 같을 것입니다.

 기호 0번 무격정 씨, 지금 시민들이 갈망하는 것은 명확한 비전 제시와 화끈한 리더십입니다. 어려운 결단 끝에 부산시장에 출마한 만큼 도시문화를 확 바꿔 꿈과 희망이 넘친, 활기 찬 도시로 이끌어 주시길 기대합니다. (부산일보, 2010.02.26.)

부·울·경 하나로 합칩시다!

'부산·울산·경남은 역사적 문화적으로 한 뿌리다. 수도권 일극화가 가중되고 있는 현실에서, 800만 인구를 갖춘 동남권은 수도권에 대응할 수 있는 대표적 경제권역으로 발전해야 한다. 동남권의 상생발전은 시대적 요구이며, 부·울·경 스스로의 생존을 위해서도 필요한 사안이다. 대승적으로 공동번영을 위한 협력 방안을 모색해야 할 시점이다'

동남권경제협의회 창립선언문 일부를 재구성한 내용이다. 이 협의회는 부산·울산·창원상공회의소가 지난주 결성했다. 창립선언문에는 결기와 희망이 넘친다. 수도권-비수도권 간 양극화 해소 및 지방경제 활성화 정책의 조속한 시행을 정부와 정치권에 촉구했다. 일본 규슈, 중국 연안 등과 국경을 초월한 단일 경제권역 형성의 포부도 밝혔다. 미래 북극항로 개설에 대비한 공동발전 의지도 드러냈다.

하지만 선언문 행간에는 절박한 아픔이 묻어난다. 동남권의 경기 침체가 넓고도 깊은 탓이다. 세계 4위 조선업체인 창원 소재 STX조선해양이 유동성 폭풍에 휩싸이면서 경남과 부산의 1천400여 개 협력업체들도 아우성이다. 납품 대금을 받지 못해 감원·휴업 업체가 속출하고 있다. 울산 현대자동차도 엔저(低)현상 등으로 타격이 크다. 부산·울산의 부품업체들 역시 울상이다. 이런 와중에도 수도권 공단에는 중소기업이 몰려들고 있다. 불경기일수록 수도권이 지방

동남권경제협의회, 지역현안 조정자 역할 기대
행정적 통합 이루면 수도권 버금갈 도약 가능

보다 일감이 많고 기술인력 구하기가 쉬워 그렇다. '국민 100% 행복시대'는 아득하다. '동북아 물류 허브'를 꿈꾸는 동남권이 의연히 양극화 허물기 선봉에 나서야 한다.

동북아 물류 히브가 되려면 하늘·바다·육지 3개 관문이 필요하다. 부산·울산·창원의 항만시설은 위용이 있다. 철도·도로도 남부럽지 않다. 공항이 문제다. 김해공항은 포화상태다. 부산은 1990년부터 대체공항 건설을 도모해 왔다. '24시간 운항 가능한 안전한 공항'이 숙원이다. 박근혜 대통령도 대선 때 공약했다. 때마침 동남권 신공항 건설에 서광이 비치고 있다. 엊그제 국토교통부와 영남권 5개 시·도가 신공항 항공수요조사와 입지 타당성조사 시행을 위한 공동 합의서를 체결했다. 기획재정부도 조만간 발표할 '박근혜정부 지방공약 이행계획'에 신공항 건설을 넣는다고 한다.

신공항은 박 대통령의 임기 내 착공이 관건이다. 이명박 정부 때의 백지화 전철을 피하는 처방이다. 앞으로 5개 시·도 간 이해관계 상충으로 고비가 많을 것이다. 하지만 '가중되는 수도권 일극화'를 완화하는 국가균형발전 차원에서 동남권 신공항은 꼭 필요하다. 그런 공감대만 형성하면 고비를 넘을 수 있을 것이다. 대신 부산은 경남 밀양의 나노융합국가산업단지 조성, 울산의 국립산업기술박물관 유치 등 경남·울산의 현안 해결에 적극 협조해야 한다.

우리금융지주 자회사 신세인 경남은행의 주인 찾기도 상생구도의 모델이 될 수 있다. 경남 여론은 '도민 품으로'가 대세다. 경남도와 지역 상공계, 노조 등이 주축인 인수추진위원회 움직임이 활발하다. 지역균형발전을 위해 지역컨소시엄에 우선협상권을 달라고 주장한다. 지역정서로만 치부할 일이 아니다. 금융당국은 '최고가 매각 원칙'을 내세우고 있다. 수조 원의 인수자금 마련이 지역 상공인들에게는 벅찰 수 있다. 금융당국은 부산-경남은행, 대구-광주은행 간 짝짓기 시나리오도 검토 중인 모양이다. 지역컨소시엄 인수가 어려워지면 대안이 됨 직하다.

부·울·경은 경제적으로 아주 밀접하다. 그러나 행정적 분리로 소모적 갈등이 잦았다. 부산항 신항 관할권 다툼이 대표적이다. 이렇게 가면 동남권은 영원히 2류다. 하나가 되면 수도권에 버금갈 수 있다. 울산~부산~창원~거제를 잇는 동남권 해안벨트는 메갈로 폴리스로 클 수 있다. 소득 2만 달러에서 정체된 한국의 신성장동력도 여기서 찾을 수 있지 싶다. 광역교통망, 식수 공급 등 난제들도 술술 풀릴 수 있다.

'뭉치면 살고, 흩어지면 죽는다'고 했다. 동남권경제협의회가 창립선언문에서 밝힌 포부가 실행되면 희망은 있다. 협의회가 신공항, 경남은행 주인 찾기 같은 동남권 핫 이슈에 조정자 역할까지 한다면 희망은 더 커진다. 경제적 통합을 넘어 행정적 통합까지 꿈꿀 수 있다. 경남도가 한때 제안했던 '동남권특별자치도'도 법적으로는 가능하다. 제주특별자치도, 세종특별자치시 선례가 있다. 일본 규슈 7개 현(縣)의 경제단체들은 오래 전부터 협의체를 구성, 7개 현의 행정적 통합을 꾸준히 압박하고 있다. 동남권경제협의회가 상생발전·공동번영을 위한 부·울·경 통합의 촉매제 역할을 하길 바란다. (부산일보, 2013.06.21)

경남은행 어디로?

금융은 경제의 핏줄이다. 돈이 돌아야 경제가 살 수 있다. 부산은행과 경남은행은 부산·경남·울산의 돈을 움직이는 지역금융계의 쌍두마차이다. 그러나 전국을 영업무대로 하는 시중은행에 비하면 덩치가 많이 처진다. 그런 만큼 역할에도 한계가 있다. 두 지방은행을 묶는 '규모의 경제' 성사 여부가 초미의 관심을 끄는 이유이다.

바야흐로 경남은행의 '주인 찾기'가 시작됐다. 새 주인을 맞아 민영화 되는 경남은행은 지금보다 훨씬 나은 초우량은행이 돼야 한다. 전제조건은 매각-인수 작업의 투명한 진행이다. 무엇보다 경제 논리에 따라야 하고, 정권을 등에 업은 부당한 압력은 철저하게 배제돼야 한다.

경남은행은 1970년 지역민의 금융 편의와 중소기업 지원 중심의 소매금융을 위해 설립된 이래 줄곧 지역경제 활성화에 큰 역할을 해 왔다. 그러나 1997년 외환위기 때 '부실화' 오명을 쓰고, 2001년 금융회사 구조조정 과정에서 정부가 12조 7천663억 원의 공적자금을 투입한 우리금융그룹 가족이 되고 말았다.

정부는 2010년 7월 말 공적자금 회수를 위해 우리금융그룹 민영화 방안을 발표했다. 우리금융지주와 자회사인 경남은행과 광주은행은 따로 팔되 매각 작업은 동시에 추진키로 했다. 두 은행은 각각 50%+1주 이상의 지분을 파는 방식으로 새 주인을 찾는다. 공적자금위원회는 이미 지난 2일 매각 주관사 선정 작업에 착수했다. 연내

민영화로 '주인 찾기' 3파전… 부·울·경 초미 관심
정권 업은 부당한 압력 배제, 경제 논리 따라야

예비 입찰 실시, 2011년 1분기 최종 우선협상 대상자 선정 및 상반기 매각 마무리 절차를 밟는다.

자산 규모가 26조 원이 넘는 경남은행 인수전은 3파전 양상이다. 지방은행 중 자산 규모가 35조 원과 31조 원 수준으로 1, 2위를 다투는 부산은행과 대구은행이 벌써 링에 올라 슬슬 몸을 풀고 있다. 두 은행 중 경남은행을 인수하는 은행은 자산 규모 60조 원 안팎의 대형 지방은행으로 도약하게 된다. 여기다 경남도와 지역 상공인들이 '도민(道民) 은행화' 기치를 앞세우고 링에 접근하고 있다. 경남은행 인수 가격은 경영권 프리미엄을 감안, 1조 5천억 원에 이를 것으로 추정된다.

부산은행은 인수 자금을 조달하기 위해 이미 전환우선주와 상환우선주를 발행할 수 있도록 정관을 변경했으며, 금융지주회사 밑에 부산은행과 경남은행을 같은 자회사로 두는 '1지주, 2은행 체제'를 구상하고 있다. 두 은행이 대형 지방은행 집안의 장남과 차남으로 이웃해 살면서 부·울·경의 금융 및 경제 활성화에 공조하면 상당한 시너지 효과가 기대된다. '한 지붕, 두 회사'인 현대자동차와 기아자동차가 선의의 경쟁을 통해 시장점유율을 높이고 있는 좋은 사례가 이미 있다.

한 뿌리에서 나온 부산과 경남은 경제적으로는 통합상태나 마찬가지다. 그러나 행정적 정치적 분리로 인해 동남권 신공항, 남강댐

물 이용 등을 둘러싸고 갈등도 빚고 있다. 부산은행과 경남은행이 '한 지붕, 두 회사'가 되면 동남권의 상생은 물론 행정적 통합까지 촉진하는 계기가 될 수 있다.

대구은행은 당초 지방은행 간 공동지주사를 설립해 경남은행을 인수하려고 했으나 부산은행이 동조하지 않자 최근 단독 인수로 방향을 바꾸고 자금 조달을 위해 재무적 투자자들을 두루 모집하고 있다.

'경남은행의 도민 은행화'를 선거 공약으로 내걸었던 김두관 경남도지사와 경남지역 상공인들은 인수지원단과 유치위원회 구성에 나서고 있다. 경남은행 노동조합도 다른 은행과의 인수합병 방식이 아니라 지역 대기업과 상공인에 의한 독자 생존을 주장하고 있다.

독자생존이 가능하다면 '도민 은행화'가 바람직한 처방이 될 수 있다. 하지만 매각 일정에 맞춰 엄청난 인수자금을 마련할 수 있느냐가 관건이다. 경남지역 대기업들을 중심으로 한 컨소시엄이 인수 주체가 돼야 하는데 여기에도 난관이 만만찮다. 지방은행은 금산분리 원칙에 따라 산업자본이 지분 15% 이하를 보유할 수는 있으나 경영에는 참여할 수 없어 대기업들이 컨소시엄 구성에 선뜻 나설지 의문이다. "외환위기 때 지역 상공인들이 지방은행을 사금고처럼 사용하는 바람에 부실화를 초래, 결국 공적자금을 투입했는데 그들에게 다시 지방은행을 넘겨주기가 쉽지 않다"는 금융당국의 부정적

인식도 큰 걸림돌이다.

경남은행 민영화가 가능해진 것은 지역사회의 사랑과 은행 임직원의 뼈를 깎는 자구 노력 결과 경영정상화에 성공했기 때문이다. 만에 하나 '주인 찾기'에 정권 비선라인의 입김이 작용하면 다시 빨간불이 켜질 수 있다. 그럴 경우 부·울·경 지역에서 엄청난 역풍이 불 것이다. 경남은행의 민영화는 시종일관 경제논리에 따라 이뤄져야 한다. (부산일보, 2010.08.05.)

부·울·경 통합 논의하자

부산 신항만 명칭이 몇 년째 표류하고 있다. 우여곡절 끝에 해양수산부가 3개안을 마련, 국무조정실 행정협의조정위원회로 "명칭을 결정해 달라"고 공을 떠넘긴 게 지난 5월 하순. 그러나 행조위는 8월 중에나 본회의가 열릴 예정인데다 그나마 '항만명칭 문제는 해당 정부부처가 결정할 사안으로 심의 안건이 될 수 없다'는 결론이 날 가능성이 크다고 한다. 게다가 부산시는 여전히 '부산신항' 내지 '신항'을 고수하고 있고, 경남도는 '진해'가 들어가야 한다는 주장을 굽히지 않고 있다.

부산시와 경남도가 언제까지 대립하고 마찰을 빚을 것인가. 신항만 명칭만이 아니다. 신항만 배후부지 행정구역 획정문제가 또 남아있다. 두 시·도 간의 다툼으로 인한 행정력 낭비와 업무 지연, 주민 간의 갈등 심화 등 폐해가 엄청나다. 경마장 문제가 그랬고, 동남권 산업클러스터 무산도 두 시·도 간의 주도권 다툼이 주원인이었다.

해법은 없는가. 파격적으로 들릴지 모르지만 시·도 통합이 해법이 아닐까 싶다. 사사건건 소모전을 펼치느니 차라리 합치자는 것이다. 더욱이 자치선진국의 경우 지자체의 확대 통폐합을 통한 초광역 자치단체 구성이 일반적인 추세이다. 영국은 근래 자치1계층화와 함께 실질적인 연방제와 같은 '지역화된 국가(Regionalized State)'를 지향하고 있다. 일본도 '도주제(道州制)'를 통해 강력한 지방정부 구축과 지방분권 완성에 나서고 있다.

부산의 오늘을 묻고 내일을 긷다

선진국은 민관 나서 초광역 자치단체 추진
남북한 통일시대 대비 위해 부·울·경 통합을

도주제는 현재 47개인 광역자치단체를 블록별로 통합해 10개 정도의 홋카이도(北海道)식 '도' 또는 미국식 '주' 단위 행정조직으로 개편하자는 구상이다. 총리 자문기구인 지방제도개혁조사회가 도주제 구체안들을 검토하고 있다.

또 지역끼리 뭉쳐 덩치를 키워 '세방화(세계화+지방화)'시대에 대비하자는 민간 움직임도 활발하다. 규슈지역 재계인사 모임인 규슈경제동우회는 최근 '규슈자치주 구상'을 발표했다. 2017년까지 규슈, 오키나와의 8개 현(縣)을 합병하여 '규슈자치주'를 창설하자는 내용이다. 규슈자치주가 창설되면 자치단체 통합으로 인한 비용 절감 및 지방세 확대 등으로 총 4조 엔 이상의 경제적 효과가 예상된다고 한다.

우리나라도 정부와 정치권을 중심으로 행정계층 및 행정구역 개편 논의가 진행되고 있다. 현행 행정계층구조의 중층화로 인한 낭비와 갈등 심화의 폐해가 큰 탓이다. 정부와 열린우리당의 '지방행정체제 개편방안'은 도(道)와 시·군을 통폐합하여 1개 특별시와 60개 안팎의 광역시로 만들자는 것이다. 한나라당은 특별시·광역시·도를 폐지하고 전국을 70여 개 광역행정단위로 개편하는 안을 내놓고 있다. 여야는 각각 당내 행정체제 개편 기획단과 특위를 구성, 오는 9월 정기국회 전까지 시안을 다듬어 내년 지방선거 이전까지 법제화를 시도할 계획이다.

그러나 16개 시·도를 쪼개 60~70여 개 광역시를 만드는 작업은 결코 쉽지 않을 전망이다. 시·도 및 시·군 간은 물론, 주민들 간에도 입장이 엇갈려 자발적 통합 움직임을 기대하기 어렵다. 또 60~70여 개 광역시로 나뉘면 중앙정부에 대한 지방정부의 힘이 약화돼 지방분권이 후퇴할 소지도 다분하다. 초광역 자치단체 확산이라는 세계적 추세와도 배치된다.

반면 시·도 통합은 광역화로 인한 행정 서비스 저하 등 부작용 극복이 과제이지만 인접 시·도 간의 잇단 분쟁으로 인한 행정적 경제적 시간적 손실은 물론, '뿌리'가 같은 주민들 간의 분열을 막을 수 있는 장점이 더 크다. 또 강력한 지방정부의 구성으로 지방분권의 궁극적 경지인 '중앙과 지방의 대등한 수준'에 이르는 지름길이 될 수 있다.

남북한 통일시대를 내다보면 헌법으로 중앙정부와 지방정부의 대등한 분권화를 보장하는, 미국 독일 등의 국가체제인 연방제 도입도 적극 검토해야 한다. 그럴 경우 광역자치단체(남한 16개, 북한 12개)는 지금보다 규모가 더 커야 효율적일 듯하다. 부산·경남·울산, 대구·경북, 광주·전남·전북, 대전·충남·충북 등 시·도 통합이 진지하게 모색되고, 먼저 부·울·경 오피니언 리더들을 중심으로 가칭 '부·울·경 통합 포럼'이 결성돼 활발한 논의가 진행되길 기대한다. (부산일보, 2005.07.04)

부산의 오늘을 묻고 내일을 긷다

더 중요해진 6·4 지방선거

요즘 다니는 저녁 산책길에 고교가 있다. 야간자율학습을 마치고 재잘거리며 교문을 나서는 학생들을 볼 때마다 미안함과 분노가 울컥울컥 치솟는다. 저들같이 풋풋한 고교생 250명이 한꺼번에 차디찬 바닷물 속에서 숨져 가다니, 그것도 어른들과 나라의 잘못으로…. '세월이 약'이라고 하지만, 세월호 참사는, 세월이 결코 약이 될 수 없다. 10대들의 떼죽음이 너무도 원통하고, 억장이 무너지기에 온 나라가 패닉에 빠져든 것이다.

박근혜 대통령은 지난 대선 때 국민 100% 행복시대를 열겠다고 공약했다. 하지만 지금 국민들은 행복하지 못하다. 박 대통령을 수식했던 '원칙과 신뢰'는 증발되고 말았다. 이런 위기 속에서 조만간 박 대통령은 대국민담화를 발표한다. 대통령 사과와 국가재난안전마스터플랜 수립, '관피아(관료 마피아)' 척결을 비롯한 공직사회 혁신 방안 등 세월호 참사 수습 후속조치가 담긴다고 한다. 사고 발생 한 달여 만의 조치가 국가와 지도자, 공직자에 대한 깨진 믿음을 얼마나 복원시킬 것인지….

국회의원들도 국민 안전과 관련된 법들을 얼렁뚱땅 만들고, '김영란 법(부정청탁금지법)' 제정을 방기한 책임이 결코 가볍지 않다. 워낙 대형 참사이다 보니 대통령과 정부, 정치권의 책임이 연일 부각돼 왔다. 당연히 그래야 한다. 하지만, 지방정부와 지방교육청은 잘못이 없는가. '~했더라면' 세월호 참사를 막을 수 있었던 그 책임에서 지방 관계당국도 결코 자유로울 수 없다.

시민 안전은 지방정부, 학생 안전은 지방교육청이 1차적 책무를 져야 한다. 대통령과 정부, 국회가 아무리 제도와 법을 바꾸고 시스템을 뜯어고쳐도 현장에서 바로 적용되고 실행되지 않으면 말짱 도루묵이다. 현장은 지방정부와 지방의회, 지방교육청의 몫이 크다. 지방자치단체장, 의원, 교육감이 그 주축이다. 그들은 선출직 공무원으로 시민들의 실생활과 직결된 일을 하는 지방행정의 책임자들이다.

이번 6·4 지방선거는, 그래서 중요성이 더 커졌다. 이전 선거들에 비해 '시민 안전'이란 엄중한 이슈가 더해진 것이다. 부산만 해도 대형 참사 가능성이 있는 '우리 곁의 세월호'가 곳곳에 널려 있다. 지하철과 철도, 국제·연안 여객선, 각급 학교와 통학로, 다중이용시설, 화학공장 등이 언제든 시민과 학생 안전을 위협할 수 있다.

무엇보다 고리원전이 최대 골칫거리다. 고리원전 1호기는 2007년 30년 수명을 다하고 10년 수명연장 상태로 37년째 가동 중이다. 원전 재앙이 얼마나 무서운지는 2011년 일본 후쿠시마 원전 사고에서 절감했다. 부산 시민의 생명을 담보로 한 전력 수급 방식은 더 이상 안 된다. 차기 시장은 고리원전 1호기 폐쇄를 비롯한 원전 안전조치 강구에 정치생명을 걸어야 할 것이다.

시장만이 아니다. 구청장·군수, 시·구·군의원, 교육감도 시민과 학생 안전에 매진할 수 있는 후보를 뽑아야 한다. 세월호 여파

시민·학생 안전, 지방 정부·교육청 책무도 엄중
나와 가족 위해 인물·공약 따져 보고 투표 참여를

로 유례없는 '깜깜이 선거'가 되고 있지만, 이제부터라도 관심을 쏟아야 한다. 한 번의 선택이 4년을 좌우한다. 어느 후보자와 정당이 나와 우리 가족 그리고 지역공동체의 안전과 교육, 환경, 삶의 질을 높일 수 있을지, 정책과 공약을 꼼꼼히 따져 봐야 한다.

후보자들은 숙연한 기조 속에서도 자신과 공약, 정책 알리기에 적극 나서야 한다. 부산 지역을, 부산 교육을 어떻게 변화시킬지 청사진과 로드맵을 제시해야 할 것이다. 실현 가능성이 희박한 선심성 공약은 절대 사절이다. 더불어 선출직 공무원도 공복(公僕), 즉 시민의 심부름꾼이란 점을 마음 깊이 새겨야 할 것이다.

세월호 참사를 계기로, 우리나라는 환골탈태해야 한다. 박 대통령은 '국가 개조' 의지를 밝혔다. 어떤 처방이 나오든 실행은 사람이 한다. 받아쓰기만 하는 '예스맨' 장관, 비서관들로는 어림도 없다. 대통령에게 직언을 할 수 있는 개혁적 인재들을 총리와 장관 등 요직에 과감히 발탁해야 한다. 차기 시장·교육감 등도 인사는 그렇게 해야 한다. '인사(人事)가 만사(萬事)'라는 것은 불변의 진리다.

선거는 민주주의의 기본이다. 지방선거는 지방자치의 토대다. 지방자치는 주민 참여가 열쇠다. '주민의, 주민에 의한, 주민을 위한 지방자치'는 선거 참여가 출발점이다. 나와 가족의 안전, 지역의 발전을 바란다면 이번 선거에 꼭 투표하기 바란다. (부산일보, 2014.05.16)

지방선거 왜 하냐면…

며칠 전 택시를 탔다. 기사는 60대로 보였다. "누가 차기 부산시장이 되면 좋겠느냐"고 물었다. 바로 "관심 없다"는 대답이 돌아왔다. "그 사람이 그 사람인데, 뭘…." 그가 덧붙인 말이었다. "시장이 바뀌면 부산이 좀 달라지지…" 하는 다음 물음은 꼬리가 잘렸다. "나랑 무슨 상관있느냐, 지들만 좋지" 하는 말에 깜짝 놀랄 수밖에 없었다. 구청장이나 지방의회, 교육감 선거는 말도 꺼내지 못했다.

얼마 전 서울에서 여교수 한 분이 택시를 타고 국회로 가자고 했더니, 기사가 대놓고 싫은 표정을 지으며 "그런 데는 왜 가느냐"고 투덜거렸다는 장면이 오버랩됐다. 큰일이다 싶었다. 극도의 정치 혐오증이 지방선거에도 전염된 게 아닌가 걱정이 됐다. '그들만의 리그'인 중앙정치권과 풀뿌리 민주주의의 토대인 지방정치가 한통속으로 치부돼서는 안 되는데….

우리나라 지방자치는 1991년 지방의원선거로 부활됐다. 1995년에는 전국 동시지방선거가 치러졌다. 광역·기초단체장과 광역·기초의원을 주민 직선으로 뽑았다. 이번 6·4지방선거는 민선(民選) 6기 지방자치시대를 여는 선거다. 20여 년이 흘렀건만 지방자치는 여전히 튼실한 뿌리를 내리지 못하고 있다. 지난해 광주의 한 조사결과가 이를 대변한다. 지역구 시의원 이름을 알고 있는 시민이 4%에 불과했다. 구청장 이름도 24%만 알고 있었다. 부산이라고 얼마나 다를 것인가.

지역 낙후·발전 판가름… 시민들 무관심 금물
중앙정부 상대 '큰소리' 낼 대찬 후보 뽑아야

　이번 6회 지방선거에도 출마 선언, 공약 발표 등이 이어지고 있지만, 정작 상당수 시민들은 관심이 적어 보인다. 이런 상태로 갈 경우, 부산의 투표율이 50%를 넘을 수 있을까. 직전 두 번의 지방선거에서 부산지역 투표율은 4회 48.5%, 5회 49.5%에 그쳤다.

　지방선거가 왜 외면 받는가. 중앙정부의 권한이 과도한 탓이 크다. 국가 행정권한의 80%가 중앙정부에 편중돼 있다. 국세 대 지방세 비율도 80% 대 20%이다. '2할 자치'란 말이 그래서 나온다. 요즘은 '9% 자치'라고도 한다. 전체 지방정부 예산 중 자율적으로 쓸 수 있는 돈이 9% 정도여서다. 이러니 개인의 삶에 미치는 영향력이 지방정부보다 중앙정부가 훨씬 클 수밖에 없다.

　자치조직권도 너무 빈약하다. 부산시장은 부시장도 맘대로 둘 수 없다. '대통령령이 정하는 기준'에 따라야 한다. 지방자치 선진국은 지방정부가 조직·인사를 결정한다. 부단체장 수는 파리 37명, 베이징 9명, 상하이 8명, 도쿄와 홋카이도 각 4명 등이다. 자치입법권도 보잘것없다. '법령의 범위 안에서'만 조례 제정이 가능하다.

　국회의원들도 이런 문제점을 알고 있다. 19대 국회에 지방자치법 개정안이 여럿 발의돼 있다. 광역·기초 단위 자치경찰제 도입, 교육자치-지방자치 일원화 등과 관련된 법률 개정안들도 계류 중이다. 하지만 짐짓 시늉뿐 국회 통과는 기약이 없다.

지방선거 출마자들에게 당부하고 싶다. 지방자치의 전도사, 지방분권의 포교사가 돼 달라는 것이다. 출마자들은 다양한 공약과 포부를 내세우며 시민들의 일꾼이 되겠노라 외친다. 부지런히 표밭을 찾아다니며 "나를 뽑아 달라"고 호소한다. 관선(官選) 시대에는 꿈도 못 꿀 풍경이다. 모두 지방자치 덕분이다. 그 고마움을 안다면 지방자치를 꽃피우는 데 헌신해야 마땅하다.

지방자치단체장이나 지방의원이 되려면 중앙정부나 국회를 향해 지방을 대변하는 큰소리를 낼 수 있어야 한다. 지역발전을 위한 정당한 요구는 눈치코치 볼 필요가 없다. 자신을 뽑아준 시민들이 뒤에 있지 않는가. 시장이나 도지사는 특히 그런 배포와 강단이 필수다. 지방자치는 결코 그저 주어지지 않는다. '골리앗' 중앙정부와 중앙정치권을 상대로 줄기차게 줄다리기를 해야 한다. 그 힘겨루기에 지방선거 출마자들이 '다윗'처럼 앞장서 달라는 것이다.

시민들도 지방선거를 외면해서는 안 된다. "나와 상관없다"는 생각부터 버려야 한다. 일꾼을 잘못 뽑으면 지역이 낙후된다. 일자리도 모자라고, 삶의 질도 떨어진다. 지방선거 당선자들은 일꾼이자 리더다. 멸사봉공은 기본이다. 지역 발전을 위한 큰 비전과 강한 추진력, 불굴의 용기가 요구된다. 그런 대차고 박력 있는 인물들을 뽑아야 한다. 투표일까지 출마자들을 요모조모 신중히 따져 보고 최선의 후보를 선택해야 앞으로 4년을 후회 없이 지낼 것이다. (부산일보, 2014.03.21.)

지방분권이 밥 먹여 주나?

"나는 비록 늙었지만 나에게는 자식도 있고 손자도 있다. 그 손자는 또 자식을 낳아 자자손손 한없이 대를 이을 것이다. 하지만 산은 더 불어나는 일이 없지 않은가. 그러니 언젠가는 평평하게 될 날이 올 것이다."

중국 고전 '열자(列子)' 탕문편(湯問篇)에 나오는 우공이산(愚公移山)의 주인공 우공이 한 말이다. 우공의 집 앞에는 거대한 산 두 개가 가로막고 있었다. 아흔 평생 생활이 늘 힘들었다. 우공은 두 산을 옮기기로 결심했다. 아들 손자들과 함께 산에서 파낸 흙과 돌을 지게에 담아 바다에 갖다 버렸다. 한 번 왕복에 1년이 걸렸다. 딱하게 여긴 친구가 헛된 일이라며 만류했다. 우공은 멈추지 않았다. 산신령은 우공의 말대로 산을 허무는 인간의 노력이 끝없이 이어질까 두려웠다. 산신령은 옥황상제에게 달려가 우공을 말려 달라고 호소했다. 하지만 옥황상제는 되레 우공의 정성에 감동하여 두 산을 먼 곳으로 옮겨 주었다.

수도권에 짓눌려 온 비수도권의 처지가 거대한 두 산에 가로막혔던 우공의 아흔 평생이나 다를 바 없다. 서울 일극주의와 중앙집권주의가 그 두 산이다. 중앙 기득권 세력은 자기들 입맛대로 대한민국을 주물러 왔다. 수도권과 비수도권의 양극화는 확대일로다. 비수도권 민초들은 일자리 부족과 삶의 질 저하로 고통받고 있다. 비수도권 국민에게 지방분권과 국가균형발전은 결코 포기할 수 없는

중앙 기득권 세력 '수도권 규제 완화' 지속적 획책
시민 각성이 관건… 부단히 맞서고 선거로 심판을

비원이다.

엊그제 부산발전연구원 회의실에서 '수도권 규제 완화 대응 부산 토론회'가 열렸다. 박근혜정부가 이명박 정부 때 줄곧 시도한 수도권 규제 완화를 반복할 조짐을 보였기 때문이다. 정부는 지난달 26일 차관회의에서 4년제 대학 등의 수도권 자연보전권역 이전, 인천 영종도 일부 지역에 수도권 기업의 공장 신·증설 등을 허용하는 '수도권정비계획법 시행령' 개정안을 의결했다. 지방의 강력 반발로 국무회의 상정 처리는 일단 보류됐다. 그러나 '시한폭탄'이나 마찬가지다.

한국의 수도권 집중현상은 세계적으로 유례가 없다. 수도권은 국토 면적의 11.8%에 불과하다. 그러나 인구 50.4%, 주요 기업 본사 71.2%, 종업원 500인 이상 사업체 수 57.3%, 취업자 수 50.3%, 예금 72%, 지방세액 57.4%, 대학 수 38%가 집중돼 있다. 그런데도 수도권은 규제 완화를 통한 경제력 집중을 반복적 지속적으로 획책하고 있다. 무서운 탐욕이다.

토론회 분위기는 무거웠다. 수도권은 갑(甲)이요, 비수도권은 을(乙)이다. 수도권의 위압에 비수도권은 '선 지방 발전, 후 수도권 규제 완화'를 외쳐 왔다. 그러나 간헐적 임기응변적으로 대응하기 일쑤였다. 이런 반성 위에서 시·도별로 (가칭) '수도권 규제완화 대응 포럼'을 상설 운영하고 지방분권형 헌법 개정을 위한 2천500만인

서명 운동을 펴자는 제안이 나왔다. 수도권정비계획법 개정 시도를 중단하도록 지역에서 연속 집회를 하고 상경 시위를 하자는 제안도 있었다.

머릿속으로는 하룻밤에 만리장성도 쌓을 수 있다. 실행이 관건이다. 누가, 어느 집단이 주도할 것인가. 최대의 아킬레스건이다. 역시 시민단체? 광야나 다름없는 현장에서 고군분투해 온 시민단체들의 목소리는 갈라지고 쉰 지 오래다. 부산시? 경남·울산과의 상생 리더십조차 발휘하지 못하고 있다. 지방의회? "주민 불신이 심하고 힘도 없다"고 한다. 지역 국회의원들은 수도권 정치권의 획책을 막기 급급할 뿐이다. 지역 언론도 엔진보다는 윤활유 역할에 그친다.

어떻게 해야 할 것인가. 시민들의 각성과 참여가 관건이다. "지방분권이 밥 먹여 주나?" 또는 "국가균형발전이 나하고 무슨 상관이냐" 하는 무관심을 떨쳐내야 한다. 지방자치가 부활된 지 20여 년이 흘렀다. 그동안 지방분권과 국가균형발전을 외치지 않았더라면, 과연 부산이 지금 정도나마 발전할 수 있었을까. 아직 부산을 위한 옥황상제는 보이지 않는다. 시민들이 눈을 부릅떠야 한다. 대표로 내세운 정치인들을 닦달하고, 각종 선거를 통해 준엄하게 심판해야 마땅하다. 내년 6월 지방선거는 그 시금석이다.

동남권 신공항을 보라. 이명박 전 대통령의 대선 공약이 백지화된 것도, 박 대통령의 대선 공약을 유야무야하려는 것도 결국은 중앙

기득권 세력의 획책 탓이다. 국토교통부 '꼼수' 관료들은 그 대변자나 다름없다. 시민들이 대통령에게 공약 이행을 강력히 촉구해야 한다. 부산시도 지자체들의 힘을 모아 세력화하는 리더십이 요망된다. 이런 힘들이 결집될 때 지친 시민단체들이 용기백배하여 선봉에 설 수 있다. 우공이 자손 세대를 위해 산을 옮기듯, 부단히 수도권의 탐욕에 맞서야 지방의 미래가 열린다. (부산일보, 2013.05.24)

'중소기업 대통령'과 지방분권

독일은 참 부러운 나라다. 무엇보다 분단체제를 극복하고 통일을 이룬 나라여서 그렇다. 제2차 세계대전 후 연합국에 의해 동서로 강제 분단되었던 독일은 1990년 10월 3일 하나의 국가로 통일되었다. 다음은 막강한 경제력이다. 독일은 5년 넘게 지구촌을 휩쓸고 있는 세계 경제위기의 버팀목 역할을 하고 있다. 훌륭한 정치 지도자가 나라를 잘 이끄는 점도 부럽다. 여장부(女丈夫)인 앙겔라 메르켈 총리가 2005년 11월부터 유럽 최강국 독일을 이끌고 있다.

메르켈 총리를 몇 차례 만났던 박근혜 대통령 당선인은 무엇을 느꼈을까. 한반도 통일의 꿈을 꾸었을까. 경제 부흥의 의지를 다졌을까. 독일 통일의 바탕은 경제력에서 나왔다. 독일 경제의 저력은 무엇인가. 바로 '히든 챔피언'이다. 히든 챔피언은 세계 시장에서 점유율이 1~3위이지만 매출액이 40억 달러 이내인 '숨어 있는 강소(强小)기업'을 지칭한다. 독일에는 1천350여 개의 '작지만 강한' 히든 챔피언이 있다. 반면 한국에는 히든 챔피언이 30~40개가 채 안된다.

독일은 중소기업이 일자리의 80%쯤 창출한다. 지난 10년간 독일 히든 챔피언들이 만든 일자리는 100만 개에 이른다. 그들은 대기업 도움 없이 자력 성장했다. 한국은 중소기업이 전체 기업 수의 99%를 차지하고, 일자리 88%를 떠맡고 있다. 하지만 대부분 대기업에 짓눌려 있다.

부산의 오늘을 묻고 내일을 긷다

독일 경제 버팀목 '히든 챔피언' 전국에 고루 분산
지방 살찌우는 개헌이 '국민 100% 행복 국가' 열쇠

독일에서 히든 챔피언들이 많이 나오는 비결은 무엇인가. 중견기업이 존경받는 사회 풍조와 오랜 지방분권화 전통이다. '히든 챔피언' 용어를 처음 쓴 독일 경영학자 헤르만 지몬의 분석이 그렇다. 중견기업이 존경받으니 직원들의 자긍심도 크다. 지방분권화와 히든 챔피언. 얼핏 고개가 갸웃거려지지만 그의 설명은 명쾌하다. 그는 최근 국내 한 경제 주간지와 가진 인터뷰에서 이렇게 말했다.

"… '지방분권화' 역시 독일이 독특한 점이다. 다른 나라들은 서울, 도쿄, 파리, 런던과 같은 대도시(수도)에 인재와 산업이 집중돼 있다. 하지만 독일은 전국에 고르게 퍼져 있다. 작은 마을에도 세계적인 기술자, 과학자들이 살고 있다. 한 곳에 인재가 집중된 경우보다 '히든 챔피언'이 나오기에 적합한 환경이다."

'중소기업 대통령'이 되겠다고 한 박 당선인이 주목해야 할 '키포인트(key point)'다. 물론 중소기업들이 관공서와 대기업으로부터 불이익을 당하고 있는 '손톱 밑 가시'를 빼는 일은 긴요하다. 혜택은 줄고 규제만 늘어나 중견기업으로 성장하길 꺼리는 '중소기업 피터팬 증후군' 해소를 위한 제도적 정비도 중요하다. 그러나 독일처럼 중소기업을 키워 히든 챔피언을 많이 배출하고 전국의 고른 발전을 도모하려면 지방분권 강화라는 국가 구조적 처방이 필요하다.

독일은 오랜 연방제 전통으로 지방정부의 힘이 크고 세다. 지방정부가 지역 기업들을 잘 뒷받침한다. 그래서 중소기업의 70%가

소도시나 지방에 있다. 기업은 창업한 지역과 주민을 기반으로 성장하고, 히든 챔피언이 되고, 대기업이 되더라도 그 지역을 떠나지 않는다. 직원들도 대부분 자란 곳에서 배우고 취업하며, 좀체 이직하지 않는다. 이러니 지역 간 격차가 클 리 없다. 지방자치의 이상향에 가깝다. 상장사의 70% 이상이 집중된 수도권과 일자리가 태부족한 비수도권 간의 양극화가 극심한 한국과 확연히 대비된다.

박 당선인은 지난달 31일 시·도지사들과 가진 간담회에서 "전국 어디에 살든 국민이 희망을 갖고 자신의 미래에 대해 노력한 만큼 행복과 보람을 거두는 나라를 꼭 만들겠다"고 밝혔다. "진정한 선진국으로 발돋움하려면 국가균형발전이 참으로 중요한 과제"라는 말도 했다. 이에 앞서 그는 신년사에서 "국민 모두가 행복한 100% 대한민국을 만드는 것이 국정운영 철학"이라고 밝혔다.

박 당선인이 '중소기업 대통령'이 되고, 전국 어디에 살든 국민 모두가 행복한 나라를 만들려면 독일이 좋은 본보기다. 독일은 연방제여서 지방분권의 뿌리가 깊은 데다 지역별로 골고루 퍼져 있는 중소기업이 지방을 살찌우는 국가균형발전의 꽃이 활짝 피어 있다. 이에 반해 한국은 오랜 중앙집권제 영향으로 돈·인재·권한이 몰린 수도권만 '배불뚝이 경제'일 뿐 비수도권은 '허기 경제'로 신음하고 있다.

최근 발언을 보면, 박 당선인은 국가균형발전에는 관심이 많으

부산의 오늘을 묻고 내일을 긷다

나 지방분권 의식은 미흡해 보인다. 국가균형발전과 지방분권은 동전의 양면과 같다. 중소기업이 신바람을 내고, 지역 격차가 사라지는 100% 대한민국을 만들려면 독일 같은 지방분권국가로 가야 한다. 지방분권형 개헌이 그 지름길이다. 박 당선인이 메르켈 총리처럼 훌륭한 지도자가 되는 열쇠도 지방분권과 국가균형발전이다. (부산일보, 2013.02.08)

지방분권형 개헌, 새 시대 여는 토대다

박근혜 당선인은 '성공한 대통령'이 될 것인가. 확률은 100%일까, 0%일까. 아니면 그의 득표율인 51.6%일까. 당선인 신분의 그에게 5년 후를 거론한다는 게 어쩌면 성급할 수도 있다. 그러나 그가 성공한 대통령이 된다면 앞으로 5년간 나라가 발전하고 국민이 행복할 수 있다는 점에서, 역대 대통령이 모두 실패했다는 평가가 지배적이라는 점에서 이 명제는 중요하다.

18대 대통령이 될 그의 앞에는 많은 난관이 가로놓여 있다. 민생 문제만 해도 청년 실업과 중장년층 및 노인 일자리 창출, 1천조 원에 이른 가계부채, 무상보육과 반값 등록금, 의료 및 고령화 대책 등 하나같이 해결이 쉽지 않은 난제들이다. 국민 불신이 극에 달한 정치 쇄신과 검찰 개혁도 발등의 불이다. 나라 밖의 사정도 결코 만만치 않다. 세계적인 경기 침체와 저성장 기조에다 한반도를 둘러싼 국제 정세가 요동치고 남북관계도 얼어붙어 있다.

박 당선인은 '준비된 여성 대통령'을 내세워 승리했다. 국가적 난제들을 해결하려면 당선인과 집권세력의 준비가 우선이다. 그러나 반쪽만의 준비로는 '100% 대한민국'을 이룰 수 없다. 그를 지지하지 않은 과반의 국민과 경쟁세력들까지 끌어안아야 한다. 그는 어제 기자회견에서 분열과 갈등의 고리를 끊는 대탕평 인사를 약속했다. 대통령직인수위원회 인선부터 청와대 내각 등의 고위직 임명 때 지역·성별·세대는 물론 여야도 가리지 말고 역량과 도덕성을 겸

부산의 오늘을 묻고 내일을 긷다

비한 인사들을 적극 등용해야 할 것이다. 이명박 대통령이 실패한 '고소영' '강부자' 같은 '코드인사'나 돌려막기 식 '회전문 인사'로는 대통합 대통령, 성공한 대통령이 될 수 없다.

대통령이란 자리가 얼마나 무겁고 벅찬지는 젊은 시절 퍼스트레이디까지 경험한 박 당선인이 가장 잘 알 것이다. 도하 언론과 식자층에서도 대통령 당선인의 과제와 해법에 대해 많은 제언을 쏟아내고 있다. 나라 안팎의 경제사정이 좋지 않으니 131조 원이나 드는 201개 장밋빛 공약은 싹 잊고 새 출발하라, 불통 이미지를 벗고 민주적 리더십을 발휘하라, 개헌을 깊이 고민하라 등등 백가쟁명이 따로 없다.

새 대통령의 성공적 국정 운영을 위해 필자도 한 가지 당부를 하고 싶다. 실과 바늘 같은 지방분권과 국가균형발전을 핵심 국정과제로 삼으라는 것이다. 우리 사회의 난제들은 상당 부분 양극화에서 비롯된다. 경제민주화와 보편적 복지가 시대정신이 된 것도 대기업과 중소기업, 상위계층과 소외계층 간의 극심한 양극화에 기인했다. 수도권과 비수도권의 현격한 격차도 양극화 양상에 다름 아니다. 마치 '갑을(甲乙)관계' 같은 중앙정부와 지방정부의 불균형은 민주주의의 근간인 지방자치를 뿌리째 흔들고 있다. 오죽하면 '2할 자치' '무늬만 자치'란 말이 나오겠는가.

지방분권과 국가균형발전은 이명박 정부 들어 뒷전으로 밀려났다. '선 지역 발전, 후 수도권 규제 완화' 공약이 파기되고, 국가균형 발전의 대표 공약이었던 동남권 신공항 건설도 백지화되고 말았다. 참여정부 국가균형발전위원회의 후신인 지역발전위원회도 조직과 권한이 크게 줄었다. 21세기는 지역 경쟁력이 곧 국가 경쟁력이다. 인재·재정·권한이 수도권에 과도하게 집중된 일극 체제로는 국가 경쟁력이 지속될 수 없다. 비수도권의 광역경제권들을 활성화해야 한다. 인재·재정·권한 분산에 의한 지방분권과 국가균형발전은 비수도권의 상대적 박탈감을 줄여 국민 대통합과도 직결된다.

현행 헌법에는 지방분권 조항이 아예 없고, 지방자치도 '법령의 범위 안에서 자치에 관한 규정을 제정할 수 있다'로 제한하고 있다. 헌법을 바꿔야 한다. '1987년 헌법 체제'가 지난 25년간의 정치·사회 변화를 반영하지 못하고 있으며, 대통령도 5년 단임제 대신 4년 중임제로 바꿔야 한다는 여론이 많다. 그러나 지금까지 개헌 논의는 정치세력들의 이해관계가 엇갈려 흐지부지되기 일쑤였다. 박 당선인은 변화와 개혁의 새 시대를 열겠다고 했다. 개헌이 새 시대를 여는 토대다. 정책 추진력이 강한 임기 초부터 추진해야 성공할 수 있다. 시대상황과 세계적 추세를 반영한 지방분권형 헌법으로 바꿔야 한다. 프랑스는 2003년 개헌 때 헌법 1조에 지방분권을 명시, 지방분권국가를 지향하고 있다.

박 당선인은 늘 원칙과 신뢰를 강조해 왔다. 지키지 못할 공약은 하지 않는다고 했다. 그러나 새 정부 부처 관료들은 재원 조달 문제를 들어 공약 재정비 작업에 나서려고 할 것이다. 관료들 속성상 지역 공약들부터 가지치기할 가능성이 높다. 지역 공약들 중에서도 핵심 숙원사업들은 국가균형발전 측면에서 대통령이 꼭 약속을 지켜야 한다. 부산의 경우 가덕도 신공항이 최고 숙원사업이다. 그가 5년 내내 초심을 지켜 성공한 대통령이 되길 바란다. (부산일보, 2012.12.21)

'3등 국민'이 웬 말?

대선 후보들은 추석 민심을 어떻게 읽었을까. 추석 연휴에 고향을 찾은 많은 이들이 부모 형제와 친지, 친구들과 함께 정담을 나누며 대선 후보 품평회도 했을 터이다. 각지에서 모인 만큼 대선 후보들에 대한 다양한 의견들이 오갔고, 이런 여론의 물줄기들이 모여 시냇물을 이루고 몇 갈래 강물이 되어 12월 19일 대통령 선거일 마침내 한바다에 이르게 될 것이다. 어느 후보가 한바다를 누빌 대한민국호의 선장으로 뽑혀 5년 임기 동안 우리 국민을 힘차게 이끌고 나갈 것인가.

민초들의 가장 큰 걱정거리는 어른들의 일자리와 자녀들의 취업 문제가 아닐까 싶다. 추석 때 만난 필자의 친지 중에도 실직 상태의 40대 가장이 있었다. 귀성은 했지만, 하루하루 바짝바짝 타들어갈 그 속마음이야 두말해 무엇하랴. 건축업을 하는 이는 일거리가 팍팍 준다고 걱정했고, 식당업을 하는 이는 손님이 날로 준다고 한숨을 쉬었다. 대학을 졸업했지만 취업을 못해 아르바이트 일자리를 전전하는 청년이 있는가 하면 부산에서 취직을 못해 경기도까지 가서 입사 면접을 보고 온 젊은이도 있었다.

대선 정국을 맞아 '경제 민주화'가 시대정신으로 많이 거론되고 있다. 재벌 규제 강화와 소득 양극화 해소, 보편적 복지 확대 등이 핵심이다. 재벌 규제 강화는 대기업그룹들의 경제력 집중을 막고 중소기업과의 상생을 부추겨야 한다는 국민적 욕구의 표출이다. 첨단 설비를 갖춰 노동력을 줄이는 대기업들은 '고용 없는 성장'을 가속화시킨다. 반면 중소기업들은 노동력 의존도가 높은 편이다. 중소기업을 보호하고 육성하는 것은 곧 일자리 창출과 직결되는 것이다. 소득 양극화 해소도 좋은 일자리가 많이 늘어나야 가능해진다. 보편적 복지 확대도 마찬가지다. 정부 예산을 무작정 퍼부을 수 없는 만큼 좋은 일자리 창출이 뒷받침돼야 가능해진다. 이처럼 경제민주화는 일자리 창출과 연계될 때 국민들의 공감을 사는 시대정신이 될 수 있는 것이다.

결국 일자리 창출이 최고의 시대과제요, 시대정신이다. 이렇게 중요한 일자리도 지역 간 불균형이 극심하다. 서울과 가까운 지역은 좋은 일자리가 많고, 서울과 먼 지역은 그 반대다. 국토면적의 11.8%에 불과한 수도권에 2010년 말 기준으로 대기업의 67.4%가 몰려 있다. 반면 중소기업은 비수도권이 53.3%로 수도권보다 많다. 고용창출 효과가 큰 지식기반 서비스산업도 수도권이 전체 사업체 수의 57.8%, 종사자 수의 65.6%를 차지하고 있다.

수도권과 비(非)수도권의 양극화가 날로 심화되고 있는 가운데, 비수도권의 분화현상도 가속화되고 있다. 수도권이 확장되는 연담화 현상으로 충청권이 제2수도권이 되고 있는 것이다. 충청권은 지역내총생산(GRDP)의 전국 비중이 계속 커지고 있으며, 일자리도 지속적으로 늘고 있다. 2000~2011년 취업자 수 연평균 증가율 순위는 수도권(2.0%)에 이어 충청권(1.3%)이 2위였다. 세종특별자치시 출범으로 충청권은 날개를 단 격이 됐다.

이명박 정권의 지역발전정책은 실패로 귀결되고 있다. '5+2 광역경제권' 정책을 대표적인 지역발전정책으로 내세웠지만, '선 지역발전, 후 수도권 규제 완화' 약속이 흐지부지되면서 수도권 확장 현상이 심화돼 충청권이 제2수도권으로 떠오른 반면 나머지 지역들은 침체가 가속화돼 왔다.

차기 정권은 지역발전정책의 틀을 확 바꿔야 한다. 수도권과 비수도권으로 나눌 게 아니라 수도권, 제2수도권(충청권), 기타지역 등 3개 대권역으로 구분해 낙후된 기타지역을 위한 고강도 균형발전정책을 추진해야 할 것이다. 다 같은 대한민국 국민인데 수도권은 1등 국민, 제2수도권은 2등 국민, 기타지역은 3등 국민으로 나뉘어 차별받고 살아서야 되겠는가. 충청권 발전을 시샘하는 어깃장이 아니라 동남권이 서울에서 가장 먼 지역인 만큼 정권의 관심 소홀로 상대적 박탈감이 커지는 현실이 걱정이 돼서 하는 고언이다.

대선이 70여 일 앞으로 다가왔는데 유력 후보들의 집권 구상이 안 보인다. 엇비슷한 선언적 내용들은 내놓고 있지만 실행 방법론을 담은 차별화된 정책 공약들은 드물다. 지역균형발전정책도 실종 상태다. 균형발전정책의 알맹이는 지역산업 육성 및 그와 연계된 일자리 창출이다. 고교나 대학을 졸업한 젊은이들이 해마다 수도권으로 대거 빠져나가는 인력유출 현상을 완화하려면 지역에 좋은 일자리가 많아져야 한다. 지역이 고루 발전해 젊은이들이 고향에서 취직하고 결혼해서 행복하게 사는 세상을 만드는 데 신명을 바칠 후보는 없는가. 지역균형발전정책을 핵심 국정과제로 삼아 집권기간 내내 열정을 쏟을 후보가 대통령이 되면 동남권의 3등 국민 전락 걱정도 기우가 되지 않을까. (부산일보, 2012.10.05)

'서울공화국'은 안 된다

　무더위에 맥이 절로 풀린다. 맥을 풀리게 하는 것은 날씨만이 아니다. 어지러운 정치판이, 어려운 경제사정이 국민들의 맥을 풀리게 한다.

　어디 10년 묵은 체증 뚫리듯 국민들의 답답한 가슴을 대번에 시원하게 해줄 '청량제' 같은 소식은 없는가. 그런 기대는 '한여름 밤의 꿈'일 뿐인가.

　정치판은 '막가파'식 정쟁에 여념이 없다. 언론사 세무조사로 촉발된 여야 대립이 목불인견이다. 대통령 탄핵소추론과 정당 해산론까지 터져나왔다. 현 정부의 개혁정책을 강도 높게 비판하면서 '법치주의가 후퇴했다'고 주장한 대한변호사회 결의문 발표를 놓고도 으르렁거렸다.

　미국과 일본을 비롯, 세계 각국이 경기침체가 장기불황으로 이어질까 촉각을 곤두세우고 있는데, 이 땅의 정치인들은 '강 건너 불'인양 도외시하고 있다. 그들이 과연 '국민의 대표'인가.

　정부는 실업률이 낮아지고 있다고 하지만 주변을 둘러보면 도처에서 실업자와 미취업자가 한숨을 내쉬고 있다. 한국조세연구원은 최근 청와대에서 열린 '중산층 육성 및 서민생활 향상 대책' 회의에서 소득분배 격차가 계속 확대되고 있으며, 앞으로 더욱 커질 것이라고 전망했다. 중산층이 계속 붕괴되고 못 사는 사람이 늘어날 것이라는 우울한 예측이다.

부산의 오늘을 묻고 내일을 긷다

나라의 '돈, 권한, 사람' 서울에 집중, 지방 붕괴
대선·지방선거, 균형발전 매진할 지도자 뽑아야

'국리민복(國利民福)'은 뒷전인 채 정쟁에 영일이 없는 정치판의 행태는 이제 정말 지겹다. 지겹기야 서울 사람이든 지방 사람이든 마찬가지일 터이다. 그러나 지방에 살다 보면 이중의 스트레스에 맥이 더 풀린다.

정부 부처와 국회, 대법원 등 주요 국가 기관과 대기업 본사들은 거의 죄다 서울에 몰려 있다. 그러다 보니, 이들 기관·본사의 의사 결정, 심지어 치졸한 정쟁까지 서울에서 행해지는 일들이 지방 사람들의 삶을 뒤흔들고 있는 현실에 '주변부'의 비애감이 더하는 것이다. 지방자치 10년은 아직 모양새에 그치고 있다. '무너지는' 지방을 되살릴 묘안은 없는가.

먼저 기형적인 '서울공화국'을 깨야 한다. 지금처럼 나라의 '돈, 권한, 사람'이 서울에 집중돼 있는 한, 서울에서 기침만 해도 지방은 감기에 걸리지 않을 수 없다.

수도권 넓이는 한국 전체 면적의 11.8% 불과하다. 그러나 2000년 11월 기준 통계청의 인구주택총조사에 따르면 수도권 인구는 2천130만 명이다. 5년 전에 비해 인구집중도가 45.3%에서 46.3%로 심화됐다. 통계청이 최근 발표한 1999년 시·도별 지역내총생산(GRDP)에서도 수도권 총생산비중이 46.3%나 차지하고 있다.

이런 판국인데도 정부와 수도권 정치인들은 '수도권 공장 총량

제'를 완화, 기업체들의 수도권 집중현상을 용인하거나 되레 부추기고 있다. 언제까지 '서울=중앙, 비수도권=주변부'라는 해괴한 도식이 지속될 것인가.

전문가들은 서울대학교 같은 굵직한 기관들을 지방으로 옮기는 특단의 조치가 나와야 한다고 주장한다. 그러면서 프랑스가 10년간 파리 공무원 3만 명을 지방으로 이동시킨다는 계획 아래 엘리트 공무원을 배출하는 대표적 교육기관인 국립행정학교를 파리에서 500여km 떨어진 곳으로 옮겼다는 예를 든다. 또 인구와 산업의 수도권 집중문제를 풀기 위해 베를린에 11개, 본에 6개 등으로 정부 부처를 분산한 독일의 예를 제시하기도 한다.

이런 처방들이 우리나라에도 적용될 수 있을까. 불행히도 이 땅의 집권세력들은 수도권이 '배불뚝이'가 될수록 지방은 '홀쭉이'로 변해왔다는 사실을 알면서도 근본대책을 외면해왔다.

바꿔 보자. 고착돼 가는 껍질을 깨 보자. 그러려면 어떻게 해야 할까. 나라의 '돈, 권한, 사람'을 지방에 대폭 이양, 수도권과 지방의 조화로운 발전을 도모할 수 있는 사람을 대통령으로 뽑아야 한다. 그런 사람을 민선 자치단체장으로, 국회의원으로 앞장세워야 한다.

지방이 경쟁력을 가져야 국가 경쟁력도 커진다. 나라의 백년대계를 생각하면 반드시 지방도 살아나야 한다. 내년 대통령선거와 지방선거에서는 비등점을 향해 줄달음 치고 있는 서울과 지방 간의 차별을 타파할 수 있는 '지도자'들을 뽑아야 한다. 더 이상 '서울공화국'은 안 된다. (부산일보, 2001.07.30)

3장

왜 정치를 하는가

이 시대가 부르는 '이순신 리더십'

"어디, 백마 타고 오는 초인은 없나?" 이육사 시인은 「광야」에서 '백마 타고 오는 초인'을 염원했다. 실제 전능한 초인은 있을 리 없다. 하지만 난마처럼 얽힌 국내 상황이 초인 타령을 부른다. 정치는 갑갑하기 짝이 없다. 경제는 미국 금리 인상과 중국 위안화 태풍, 수출 부진, 내수 침체로 사면초가다. 겨울바람이 시린데, 국민 가슴엔 열불이 치솟고 있다. 국민의 대표들이 무능한 탓이다.

박근혜 대통령은 국회를 '자주, 거세게' 질타한다. '립서비스, 위선, 국민심판, 기득권 집단의 대리인' 등 주로 야당을 겨냥한 거친 표현을 쏟아내고 있다. 노동 개혁 5법, 서비스산업발전기본법과 기업활력제고법, 테러방지법 등 주요 쟁점 법안이 야당의 비협조로 국회 통과가 안 되고 있다는 인식 탓이다. 삼권분립의 민주공화국에서 대통령이 국회를 이처럼 몰아붙이는 건 유례가 드물다. 국민도 고개를 갸웃거릴 정도다.

하긴 19대 '식물국회'의 직무유기는 너무 심하다. 새누리당은 집권 여당으로 국정을 주도해야 할 책무가 있다. 그러나 청와대 눈치보기와 친박-비박 다툼으로 존재감이 약하다. '식물국회' 책임에는 새정치민주연합과 새누리당이 오십보백보다. 그래도 따지면 19대 국회가 최악의 국회라는 오명을 뒤집어쓴 데는 새정치연합의 책임이 더 크지 싶다. 정당 지지율이 새누리당은 40%대 초반인데 새정치연합은 20%대 중반에 불과한 게 그 이유를 대변한다.

부산의 오늘을 묻고 내일을 긷다

'식물국회'에 야당 지겨운 내홍, 대통령은 잦은 호통… 국민 열불
충무공, 전란 중 부채 만들어 선물… 국사 도모 위한 소통 절실

　새정치연합이 왜 이렇게 '밉상'이 되었나. 친노-비노, 주류-비주류 간 '지긋지긋한' 내홍이 첫째 원인이다. 새정치연합의 공동 창업주라는 안철수 의원의 탈당은 내홍의 결정판이다. 배가 가라앉으려고 하는데, 서로 선장이 되겠다는 이전투구로 비쳐진다. 국민과 민생을 도외시한 채 집안다툼에 눈멀어 입법 책무에 소홀했다. 국민 눈에 비치는 제1야당의 모습은 참담하다. 이대로는 정권교체는커녕 2016년 총선도 필패다.

　'백마 타고 오는 초인'이 없다면, 당대의 지도자들이 변해야 한다. 그래야 험한 국제정세와 경제적 파고를 헤치고 '대한민국호'를 선진부국으로 이끌 수 있다. 당대의 지도자들이 환골탈태하려면 누구를 리더십의 귀감으로 삼아야 하나. 나는 충무공 이순신 장군을 들고 싶다. 충무공은 구국제민(救國濟民)의 외길을 걷다 장렬히 순국했다. 역사적 가정이긴 하지만 만약 충무공이 없었더라면, 조선이 망하고 지금 우리는 한국어가 아닌, 일본어나 중국어를 국어로 사용하고 있을지도 모른다.

　충무공은 청렴했지만, 소통을 중시했다. 전란 와중에 충무공은 수군을 통제하면서도 틈만 나면 공인(工人)들을 모아 놓고 부채를 만들어 조정의 대신들에게 두루 선물로 보냈다. 현지 사정에 둔감한 조정 대신들에게 부채를 선물함으로써 이해를 구하고 전쟁 업무를 원만하게 수행하고자 함이었다. 사익을 위해서가 아니라, 나랏

일을 도모하기 위한 세심한 방편이었다. 박 대통령도 국회를 향해 호통만 칠 게 아니라 원활한 국정 운영을 도모하려면 야당 인사들과 적극적으로 소통하고 협조를 구하는 노력이 필요하다.

"병법에 이르기를 '반드시 죽고자 하면 살고, 반드시 살고자 하면 죽는다'고 했다." 나라의 명운이 걸린 명량해전 전날 밤 여러 장수를 불러 놓고 충무공이 한 준엄한 훈시다. 조수 변화가 심한 울돌목을 전쟁터로 택한 것은 그야말로 목숨을 내놓겠다는 각오로 세운 비장한 전략이었다.

다음 날 왜선 400여 척 중 133척이 울돌목으로 쳐들어왔고, 겁에 질린 다른 장수들이 슬금슬금 배를 뒤로 물릴 때 충무공은 대장선 한 척으로 고군분투했다. 충무공의 독려로 다시 분발한 우리 수군은 13척의 배로 기적 같은 승리를 거두었다. 이 땅의 지도자들은 오로지 국리민복에 정치인생을 거는 '필사즉생 필생즉사'의 정신을 새겨야 할 것이다.

두 달 전 나는 '부산에 이순신 기념관을 세우자'는 칼럼에서 '충무공 전문가'인 김종대 전 헌법재판관이 이순신의 리더십 원천을 정성, 사랑, 자력, 정의 4가지로 꼽았다고 소개한 바 있다. 여기에 더하여 충무공은 일찍이 구국제민의 인생 목표를 세웠고, 선공후사에 투철했으며, 평생을 두고 끊임없이 노력했다. 또한 거북선을 만든 창의성과 개척정신, '아직도 12척의 배가 있다'는 역경 극복의

부산의 오늘을 묻고 내일을 긷다

신념과 용기, 청렴함과 책임 완수, 솔선수범과 신상필벌이 몸에 배어 있었다. 이 시대 지도자들이 충무공의 리더십을 성심성의껏 본받아 난국 타개와 국민 행복 증진에 앞장서 주길 바란다. (부산일보, 2015.12.18.)

부산에 '이순신 기념관' 세우자

중·고등학교 역사교과서 국정화로 온 나라가 어지럽다. 정부 여당은 검정 역사교과서들이 좌편향돼 학생들에게 왜곡된 역사관을 심어 준다고 야단이다. 반면 야당은 집권세력의 입맛대로 역사를 뒤트는 퇴행적 처사라고 핏대를 세운다. "너희가 역사를 아느냐"고 삿대질을 하는 것은 청와대와 여야 정치권만이 아니다. 교육계, 시민사회의 이념 대결은 물론 기성세대와 젊은 세대 간의 갈등마저 고조시키고 있다. 교수들의 국정 교과서 집필 거부 선언도 잇따르고 있다. 툭 불거진 역사교과서 국정화 논란이 나라를 사분오열시키고 있는 것이다.

박근혜 대통령은 엊그제 "역사 교육은 결코 정쟁이나 이념 대립에 의해 국민들을 가르고, 학생들을 나눠서는 안 된다"며 "지금 나라와 국민 경제가 어렵다. 나라와 국민을 위해 정치권이 불필요한 논란으로 국론 분열을 일으키기보다 올바른 역사교육 정상화를 이뤄 국민통합의 계기가 될 수 있도록 노력해 달라"고 했다. 국정화 논란은 정쟁이요, 불필요한 논란이라는 인식이다.

정말 그러한가. 당정의 이번 국정화 강행이 박 대통령의 외곬 의지에서 비롯됐다는 걸 모르는 국민은 없다. 당장 새정치민주연합은 "적반하장(賊反荷杖)의 주장"이라고 반격했다. 정권에 비판적인 진보언론들도 목소리를 높였다. '국정화로 국론 분열을 낳은 장본인이 박 대통령'이라거나 '염치도 논리도 없는 대통령의 국정화 궤변'

부산의 오늘을 묻고 내일을 긷다

이라는 반박이 그것이다.

현 정부에 우호적인 보수언론들도 '대통령의 "국정화 논란 말라"
는 발언만으론 국민 설득 어렵다'거나 '대통령의 설명이 미흡하다'
고 평가했다. 대통령과 정부 여당이 결정하면 야당과 국민은 그저
따라오기만 하라는 독단적인 정책 추진 방식도 보수언론의 도마에
올랐다. 많은 국민은 검정 교과서들의 편향성 개선 방법이 왜 꼭 국
정이어야 하는지, 검정 교과서 심의를 더 강화하면 안 되는지 묻고
있다는 지적도 했다.

역사란 무엇인가. E. H. 카는 역사란 "역사가와 과거 사실들의 지
속적인 상호작용 과정, 현재와 과거 사이의 끊임없는 대화"라고 갈
파했다. 역사교과서 국정화는 역사가와 과거 사실들 간의 부단한
상호작용과 대화를 차단한다. 다양성을 배제하는 획일화 장벽 탓이
다. 덜 여문 청소년에게 획일화된 교육은 치명적이다. 자칫 우민화
(愚民化)로 이어져 대한민국의 미래를 망칠 수 있다.

정권은 한시적이다. 유한한 정권의 역사교과서 국정화 강행은 시
한부 운명이다. 보수논객마저 '차기 정부에선 국사 교과서 또 바뀐
다'고 질타한다. 무엇이 잘못 됐는가. 역사를 역사가들에게 맡기지
않고, 권력자가 간여해도 무방하다는 아전인수식 역사관 탓이 아닐
까. 정치 지도자들은 역사의식이 투명해야 하고, 애국 · 애민도 순정
(純正)해야 한다. 사심이나 정쟁 승리보다 국리민복, 선공후사 정신

이 뼛속 깊이 배야 한다.

　우리 역사에도 순정한 애국·애민의 지도자들이 있었다. 대표적인 인물이 임진왜란에서 나라를 구한 충무공 이순신 장군이다. 충무공의 국토사랑, 백성사랑은 티 없이 순정했고 가없었다. 임금 선조가 투옥·고문에 백의종군의 수모까지 안겼지만 다시 삼도수군통제사를 맡아 13척의 배로 명량대첩을 이끌고 끝내 조선을 구했다. 충무공 전문가인 김종대 전 헌법재판관은 이순신의 리더십 원천을 자력, 정직, 정성, 사랑 4가지로 꼽았다. 충무공은 온갖 어려움을 자기 힘으로 뚫고 나갔고, 오직 바른 길로만 정직하게 살았으며, 모름지기 일을 도모할 때는 지극한 정성스러움으로 일관했고, 가족·부하·백성·나라 사랑은 언제나 충만했다는 것이다.

　그런 충무공이기에 우국충정은 더 절절했다. '나라 돌아가는 꼴을 생각하니 위태롭기가 마치 아침 이슬과 같다. 안으로는 정책을 결정할 만한 기둥 같은 인재가 없고, 밖으로는 나라를 바로잡을 주춧돌 같은 인물이 없으니 모르겠다, 나라의 운명이 어떻게 되어갈지…(1595년 7월 1일 난중일기).' 충무공 가신 지 400년도 더 지난 지금 나라 사정은 어떤가.

　우리에게는 충무공처럼 높은 인격과 우국충정, 역량을 갖춘 지도자가 절실하다. 그런 리더가 없다면, 지금부터라도 키워야 한다. 충무공 정신으로 무장한 '기둥 같은 인재, 주춧돌 같은 인물'을 어떻게 지속적으로 양성할 것인가. '이순신 학교'를 곳곳에 세워 체계적 교육을 시키면 좋을 듯싶다.

　해양수도 부산에서부터 '이순신 학교'를 세우자. 10월 5일 '부산 시민의 날'은 충무공의 1592년 부산포해전 승전일을 기념하여 제정했지 않은가. 부산포승첩의 무대는 북항 재개발지역 부근의 바다였다. 부산의 랜드마크가 될 이곳에 충무공 정신을 오늘에 되살리는 '이순신 기념관'을 건립하고 부설 '이순신 학교'를 운영하면 어떨까. 교육 기능을 잘 갖춘 부산의 이순신 기념관이 국가 동량의 산실이 되면 시민의 자긍심이 얼마나 드높아지겠는가. (부산일보, 2015.10.16.)

미국이 보는 한국과 일본

아베 신조 일본 총리는, 한국 입장에서 보면, '골통 대장'이다. 2015년 8월 14일 발표한 전후 70년 담화(아베 담화)는 '혹시나' 했던 기대를 무산시킨 '마이웨이' 천명이었다. 2차 세계대전의 책임에 대해 '과거형'으로 사죄를 언급했을 뿐 일본의 식민지 지배와 침략을 명시적으로 인정하지 않았다. 한국과 중국은 물론 미국·독일·영국·프랑스 등 각국의 주요 언론들이 "미흡하고, 제대로 된 사죄가 없었다"고 성토했다. 그런데 미국 정부는 예외였다. 대놓고 '환영의 입장'을 밝혔다.

"아베 총리가 2차 세계대전 당시 일본이 가한 고통에 대해 '깊은 후회(deep remorse)'를 표현한 것과 이전 정부의 역사 관련 담화를 계승한다고 한 약속을 환영한다. 일본은 전후 70년 동안 평화와 민주주의, 법치에 대한 변함없는 약속을 보여 줬으며 이런 기록은 모든 국가의 모델이 되고 있다."

네드 프라이스 백악관 국가안보회의(NSC) 대변인의 성명이다. 과거사 사죄·반성에 극히 인색한 일본이 모든 국가의 모델이 되고 있다니! 한국 정부로서는 뒤통수를 세게 맞은 셈이다. AP통신, 뉴욕타임스, 워싱턴포스트, 월스트리트저널 등 미국 여론을 이끄는 주요 언론의 비판적 시각과 달리 미국 정부는 왜 과도할 정도의 환영 논평을 했을까. 'G2'로 급부상한 중국을 견제하기 위한 안보 측면과 경제 측면에서 미국은 일본을 활용하고 일본에 기대야 하는 국

한국 시각과 달리 미국은 중국 견제 위해 일본 중시
글로벌 적자생존, 경제력 바탕 자강(自彊)이 해법

제정치 역학(力學)이 작용했을 것이란 분석이 설득력을 얻고 있다.

국제정치 역학의 동력은 국가의 실력, 곧 국력이다. 국력은 정치 외교력, 군사력도 중요하지만 경제력이 근간이다. 통계청에 따르면, 한국은 2014년 기준 명목 국내총생산(GDP)이 1조 4천104억 달러로 세계 13위다. 세계 1위는 미국으로 17조 4천190억 달러, 2위는 중국 10조 3천601억 달러, 3위는 일본 4조 6천15억 달러다. 일본이 한국보다 3.26배 더 많다. 순위로는 10단계나 차이가 난다.

미국 정부는 그렇다 치고, 미국 국민의 입장은 어떨까. 대체로 봤을 때 한국과 일본 중 어느 나라가 더 친숙하게 느껴질까. 인정하고 싶지 않지만, 기자의 최근 경험으로는, 일본이다. 얼마 전 미국 노스캐롤라이나 주 채플힐이란 소도시에서 렌터카로 두 차례 운전을 했다. 현대·기아차를 찾았지만, 없었다. 결국 토요타와 닛산 차를 하루씩 빌렸다. 채플힐에서 샬럿이란 대도시까지 6시간 넘게 왕복 운행을 했던 도로에는 일본 토요타와 혼다 차가 흔했다. 현대차와 기아차는 어쩌다 가끔 보였다. 뉴욕 시 맨해튼에서는 더 큰 충격을 받았다. 숱한 토요타 차 택시가 세계의 심장부 거리를 누비고 있었다.

우리 정치 지도자들은 한·미동맹을 최고로 여긴다. 6·25전쟁의 혈맹이니만큼 대다수 국민도 미국을 최고 우방국으로 간주한다. 반면 일본은 껄끄럽고 밉상인 이웃 나라다. 우리는 미국이 일본보다 한국을 편들어 주길 바란다. 그러나 미국 입장에서는, 한국이나 일

본이나 팍스아메리카나(미국 지배에 의한 세계 평화)의 대상국일 뿐
이다. 그중에서 일본이 경제력이나 국제정치 역학 차원에서 한국보
다 효용가치가 더 크고, 그래서 미·일동맹을 한·미동맹보다 더 중
시하는 것이다.

지구촌 시대, 독자 생존은 어렵다. 한국 같은 무역 의존국은 더욱
그렇다. 냉엄한 국제정치 역학 속에서 일본을 넘어서려면 무엇보다
지피지기(知彼知己)해야 한다. 그런 점에서 아베노믹스(아베 정부의
경제정책)를 냉철히 분석·대응할 필요가 있다. 아베 총리가 자민당
총재로 당선된 2012년 가을부터 시행된 아베노믹스는 과감한 통화
공급 확대, 엔화 평가절하, 인프라 투자 확대와 적극적인 성장정책
으로 일본의 경기 부양에 상당한 성과를 내 왔다. 무엇보다 대졸 취
업률이 97%에 달한다. 치밀한 로드맵과 강력한 실행력의 결과로 여
겨진다.

근혜노믹스(박근혜정부의 경제정책)는 어떤가. 경제 민주화와 창
조경제, 경제 활성화, 4대 구조개혁 등의 정책 우선순위가 바뀌고
뒤섞이면서 성과가 유야무야 상태다. 청년 실업률은 역대 최악으로
치닫고 있다. 정치권은 국가의 글로벌 적자생존을 고민하기보다 정
파의 이해 다툼에 영일이 없다. 박 대통령도 여야 정치권과 소통에
소극적이었다. 광복 70주년 경축사에서도 그랬듯이, 박 대통령은
집권 후 기회만 있으면 선진 한국, 부강국가 건설을 다짐했다. 하지

부산의 오늘을 묻고 내일을 긷다

만 국회와 거리를 두는 바람에 빛이 바랬다.

  글로벌 적자생존 시대는 특정 국가의 나라 안 사정을 봐주지 않는다. 국제정치나 외교의 기준은 국익이다. 탄탄한 경제력에 바탕한 자강(自彊)만이 민족 생존과 국가 번영의 해법이다. 진정한 극일(克日)의 길도 여기에 있다. 정치 리더들의 뼈저린 각성과 우국충정이 요구된다. (부산일보, 2015.08.21)

한·일관계 개선을 위한 골든타임

대통령이 출국장 전용기에 올라 웃으면서 손을 흔든다. 해외순방 출국 때의 익숙한 풍경이다. 중동호흡기증후군(메르스) 공포가 전국을 엄습하고 있는 지금 그런 풍경이 펼쳐진다면? 많은 국민이 고개를 절레절레 흔들 것이다. 박근혜 대통령이 그제 고심 끝에 외교적 결단을 내렸다. 오바마 대통령과의 정상회담이 예정돼 있던 방미 일정(2015년 6월 14~18일)을 전격 연기한 것이다. 외교적으로는 큰 결례임에 틀림없다. 하지만 메르스 초기 대응 실패와 잇단 후속 조치 실책으로 감염이 확산되는 바람에 '무능정부'라는 국민적 비판이 드센 상황을 감안하면 대통령의 방미 연기는 그래도 잘한 결정이다.

박 대통령의 외교적 결단이 요구되는 중차대한 과제가 또 있다. 바로 극도로 악화된 한·일관계 개선이다. 박 대통령은 2013년 2월 취임 이후 아베 신조 일본 총리와 양자 정상회담을 아직 하지 않고 있다. 일본군 위안부 문제와 신사 참배, 독도에 대한 일본의 부당한 영유권 주장 등이 족쇄가 되고 있는 것이다. 그중에서도 현재 위안부 문제가 한·일관계 개선을 가로막는 가장 큰 외교적 현안이다.

박 대통령은 기회 있을 때마다 일본의 변화를 촉구해 왔다. 얼마 전 한·일현인회의 원로들을 접견했을 때도 "과거사 문제의 바람직한 해결을 통해 양국 관계를 발전시켜 나갈 수 있다. 위안부 할머니는 이제 52분만 생존해 계신다. 이분들이 한 분이라도 더 살아 계실 때 명예가 회복될 수 있도록 일본 측의 용기 있는 결단을 기대한다"
고 밝혔다.

한데 일본 측의 용기 있는 결단은 아베 총리가 내려야 한다. 우리
국민이 볼 때 그는 참으로 밉상이다. 하지만 일본에서는 두 번째 총
리를 하고 있을 만큼 권력 구도의 정점에 있다. 일본 우경화의 기수
다. 그는 위안부 문제에 대해 '반성'이라는 용어만 쓸 뿐, '사죄' 표
현을 하지 않고 있다. 그의 행보와 기조로 볼 때 위안부 할머니들의
명예 회복과 관련한 일본 정부 차원의 충분한 배상 조치는 상당 기
간 기대하기 힘든 상황이다.

이런 아베 총리를 상대로 '과거사를 직시하고 사죄하라'고 언제
까지 촉구만 하고 있을 것인가. '쇠귀에 경 읽기'가 따로 없어 보인
다. 이제 외교 전략의 방향을 바꿀 필요가 있다. 과거사 · 영토 문제
와 경제 · 안보 · 문화 문제 등을 분리 대응하자는 것이다. 한 · 일 간
에 종전 70주년(8월 15일)과 수교 50주년(6월 22일)은 역사적 의미
가 각별하다. 8월이면 박 대통령 임기도 절반에 도달한다. 지금부터
두 달 정도가 한 · 일관계 개선의 골든타임이다. 대일(對日) 외교의
근간과 원칙은 마음에 품되 대승적 차원에서 먼저 손을 내밀면 어
떻겠는가.

오는 22일 한 · 일 국교정상화 50주년 기념행사가 서울과 도쿄에
서 각각 열린다. 양국 정부는 각각 상대국 정상에게 초대장을 보낸

상태다. 우리나라는 '아베 총리가 도쿄에서 열리는 기념식(주일 한국대사관 주최)에 참석하면 박 대통령도 서울에서 열리는 기념식(주한 일본대사관 주최)에 참석할 것'이라는 입장을 비공식적으로 일본 측에 전했다고 한다. 국격(國格)을 고려한 입장이겠지만, 조건 없이 박 대통령이 서울 기념식에 참석하겠다고 먼저 선언하면 어떻겠는가. 윤병세 외교부 장관이 방일, 22일 도쿄 기념식에 참석하고 한·일 외교장관회담도 하자고 치고 나가면 더 좋지 않을까.

8·15 광복절에 박 대통령이 아베 담화에 대한 요구사항뿐 아니라 한·일 정상회담을 먼저 제의하면 효과가 배가될 것이다. 한·일 정상회담이 과거사 청산과 별개로 개최돼야 한다는 국민 여론도 70%에 이른다. 지난 8~9일 제주에서 열린 한·일수교 50주년 기념 대토론회에 참석한 양국 언론인들도 한·일 정상회담의 조기 개최를 제언했다. 한·일 정상회담이 열리면, 일본군 위안부 문제와 독도 문제를 논의하지 않을 수 없을 터이다. 양국 정상이 얼굴을 맞대고 회담을 갖다 보면 돌파구를 찾을 확률이 훨씬 높아질 것이다.

한·일 간에 과거사 문제는 지울 수 없는 멍에다. 2015년 4월 말 아베 총리의 미국 의회 연설 이후 500명 가까운 세계 학자들이 일본군 위안부 문제의 역사적 사실을 왜곡하지 말라고 집단성명을 냈다. 이어 일본의 4개 역사학회 6천900명 회원들도 같은 입장을 발표했다. 지난 8일에는 일본 지식인 281명이 8월 15일 발표할 아베 담화에서 사죄를 표명하고 위안부 문제 해결에 나서라고 촉구했다. 세계와 일본 내 여론이 아베 정권을 압박하고 있는 만큼 한국은 그와 병행해 대일 실리외교를 펼 필요가 있다. 국익의 극대화를 위한 외교 전략의 전환이 결코 굴욕외교로 치부되어서는 안 된다. 한·일 정상회담 장소로는 서울이나 도쿄 대신 7천 년 전 아득한 신석기 시대부터 한·일 교류를 시작했던 부산이 어떻겠는가. (부산일보, 2015.06.12)

국민도 한숨만 나온다

정치판이 참담하다. 국민의 불안과 혼란은 아랑곳 않고 끔찍하고 험한 말들을 마구 쏟아내고 있다. 세금폭탄, 혈세부과, 공포마케팅, 은폐마케팅, 미래세대 재앙, '세대 간 도적질'과 '공갈' 막말까지…. 아전인수가 난무한다. 당·정·청 및 여야 간 불협화음으로 국정은 꼬여만 간다. 공무원연금 개혁이, 국민연금 소득대체율 50% 상향은 어떻게 되는 건지 도무지 종잡을 수 없다. 박근혜 대통령은 "공무원연금 개혁만 생각하면 한숨이 나온다"고 했다. 김무성 새누리당 대표도 "참 가슴이 터질 듯 답답하다"고 했다. 국민은 더 기가 차고 한숨이 끊이질 않는다.

박 대통령은 2015년이 국가 개혁과 경제 살리기의 골든타임이라고 누차 역설했다. 한데 정국이 왜 오리무중인가. 여야가 어렵게 이뤄낸 공무원연금 개혁 합의에 '뒷북 논평'으로 제동을 건 쪽은 청와대다. 김 대표는 청와대 눈치를 보느라 여야 합의를 막판에 번복하고 말았다. 문재인 대표의 새정치민주연합은 공무원연금 개혁안에 국민연금 소득대체율 50% 상향을 불쑥 집어넣어 파투(破鬪) 원인을 제공했다.

박 대통령은 유체이탈화법의 논평정치를 벗어나야 한다고 다방면에서 지적해도 묵묵부답이다. 국가 발전에 대한 대통령의 열망이 아무리 강하더라도 국회가 입법으로 뒷받침하지 않으면 주요 국정을 펼칠 수 없다. 그런데도 여야 정치인을 두루 만나 국정 현안을

정치판 막말 양산, 믿고 따를 지도자도 정당도 묘연
영수회담 정례화, 여야 대표 선공후사로 대타협을

토론하고 설득하길 꺼린다. 공무원연금 개혁만 해도 그렇다. 뒤늦게 국민을 내세운 여론 압박에 나섰지만 효과가 의문스럽다.

새누리당은 집권당이란 이름패가 아깝다. 정국을 주도하기는커녕 야당에 거푸거푸 휘둘리고 있다. 예전에 자신들이 만든, 그 이름도 고상한 '국회선진화법'에 발목이 꽉 묶여 있다. 야당으로부터 '청와대 2중대'라는 비아냥까지 듣고 있다. 김무성 대표와 유승민 원내대표는 야당과의 협상에 재량권이 없다고 넋두리다.

새정치연합도 가관이다. 4 · 29 재 · 보궐선거 전패(全敗)를 둘러싼 책임공방이 벌어진 최고위원회의는 '콩가루 집안'의 민낯을 만천하에 드러냈다. 시원한 수습책을 내놓지 못한 문 대표의 사퇴를 거듭 물고 늘어진 주승용 최고위원과 "공갈치지 말라"고 윽박지른 정청래 최고위원, 생뚱맞게 '봄날은 간다'를 노래한 유승희 최고위원…. '이기는 정당'으로 수권(受權)을 꿈꾼다는 새정치연합의 현주소가 '봉숭아 학당'이라니!

믿고 따를 지도자는 안갯속이고, 국민이 마음 둘 정당도 없다. 수출 부진과 경기 침체 속에 청년층 '고용절벽'이 날로 악화되고 있는데, 정치판은 정쟁으로 날을 지새운다. 누가, 어떻게 이 사태를 해결해야 하나. 정치판이 한꺼번에 대오 각성한다면 얼마나 좋겠는가. 하지만, 그건 한갓된 꿈일 터. 결국 박 대통령과 김무성-문재인 대표의 리더십에 한 가닥 기대를 걸 수밖에….

박 대통령은 세대 간 갈등을 부추긴 뻥튀기 정보를 냉철히 가려야 한다. 공포마케팅 논란을 부른 국민연금 개편 소동은 전형적인 침소봉대다. 문형표 보건복지부 장관은 소득대체율이 40%에서 50%가 되면 국민연금 보험료가 2배로 오른다고 주장했다. 수령액이 0.25배 늘어나는데 보험료가 2배라니…. 실제로는 3%포인트 정도 오른다..문 장관은 2100년 기준으로 기금 소진이 안 되는 경우를 상정했다지만 향후 85년간 보험료를 한 차례도 올리지 않는다는 비현실적 전제는 슬쩍 가렸다.

청와대는 더 심했다. 김성우 홍보수석은 "소득대체율을 50%로 올리면 향후 65년간 미래세대가 추가로 져야 할 세금폭탄이 무려 1천702조 원"이라고 강변했다. 그가 말한 1천702조 원은 국민연금 수령액이고, 당연히 세금이 아니라 이익을 보게 되는 가입자가 내는 보험료로 충당된다.

박 대통령은 설사 정치권 행태가 마음에 들지 않더라도 국민을 위해 여야 영수회담을 정례화하고 여야 중진들도 두루 만나기 바란다. 김 대표는 청와대와 야당 탓하지 말고, 집권당이 대타협 정치를 이끌도록 리더십을 보여야 한다. 대통령에게도 '할 말은 해야' 국민의 신뢰를 쌓을 수 있다. 그게 대권으로 가는 대도무문(大道無門)이다. 문 대표도 집권을 꿈꾼다면 더 비우고, 과단성을 키워야 한다. 친노(親盧)패권주의를 뿌리 뽑고, 국민 반대가 심한 국민연금 소득

대체율 50%에 유연해야 한다. 공무원연금 개혁안과 경제·민생법안 국회 통과에 적극 협력하고, 국회선진화법 개정에도 흔쾌히 응해야 옳다. 다음에 집권을 했을 때 야당이 사사건건 발목을 잡으면 어쩔 것인가.

공자가 말했다. "정치란 바르게 하는 것이다. 지도자가 바름으로써 솔선수범한다면 누가 감히 바르지 않겠는가?" 선공후사(先公後私)를 솔선수범하는 지도자가 못내 그리운 하 수상한 시절이다. (부산일보, 2015.05.15.)

선거구제 바꿔야 정치 개혁 물꼬 튼다

엊그제 〈명량〉을 봤다. 충무공 이순신 장군의 명량대첩을 소재로한 영화다. 〈명량〉은 각종 흥행기록을 파죽지세로 갈아치우고 있다. 리더 부재의 암울한 시대 상황과 맞물린 탓일까. 가히 이순신 신드롬(증후군)이다. 하지만 그 주인공은 100원 주화에 박제된 관모(冠帽) 쓴 충무공이 아니다. 온갖 역경 속에서 나라와 백성을 구해내기 위해 온몸을 던진 전장의 지도자다.

〈명량〉은 그런 이순신 장군을 역사 속에서 걸어 나오게 했다. 이 시대가 갈망하는 리더의 전형으로. 장군은 단 13척의 배로 왜(倭) 군선 330척을 물살이 거센 명량해협(울돌목)으로 유인해 격파했다. 61분간이나 이어진 전투신은 처절했다. 기적 같은 승리는 치밀한 전략, 냉철한 판단, 적진으로 앞장서 돌진하는 용기의 결과였다.

"장수된 자의 의리는 충(忠)을 좇아야 하고 충은 백성을 향해야한다." 장군의 사자후다. 이순신의 백성은 오늘날 국민이다. 명량해협 인근 맹골수로에서 304명의 국민이 떼죽음당한 세월호 참사는 국난에 버금간다. 그러나 국민들이 믿고 따를 지도자, 시대를 이끄는 리더는 보이지 않았다. 국가기관들의 위기 관리 능력은 참담했다. 대통령은 부패 척결과 국가 혁신을 외쳤지만 거듭된 인사 실패로 3개월여 세월을 허송했다. 그나마 대통령은 얼마 전 우여곡절 끝에 2기 내각을 출범시켰다.

부산의 오늘을 묻고 내일을 긷다

영화 〈명량〉 이순신 신드롬, 리더 부재 시대 대변
'소선거구제=지역 패권' 정당들 민생·국익 외면

공은 국회로 넘어가 있다. 19대 국회는 지난 석 달간 법률안을 단한 건도 통과시키지 못했다. 2014년 8월 현재 국회에는 7천636건의 법률안이 계류돼 있다. 관피아 근절법(공직자윤리법 개정), 김영란법(부정청탁 금지법 개정), 유병언법(범죄수익 은닉규제법 제정)은 여야가 처리에 합의하고도 표류 중이다. 청와대가 화급히 요청한 서비스산업발전기본법·관광진흥법·크루즈마리나항만법 등 '경제활성화 19개 법안'도 함흥차사다. '세월호 특별법'이 통과돼야 물꼬가 트일 판이다.

일하는 국회로 바뀌어야 한다. 국회의원들은 개인별로 보면 똑똑한 사람이 많다. 그런데 그들이 모인 정당들은 민심과 겉돌고 있다. 이유가 뭘까. 나는 소선거구제가 핵심 원인 중 하나라고 생각한다.

소선거구제는 한 선거구에서 1인을 뽑는다. 승자 독식이다. 그 치명적 약점은 지역편향 투표 가능성이 높다는 것이다. 새누리당과 새정치민주연합이 영·호남을 독식하는 지역 패권구도 고착화가 여기서 비롯됐다. '소선거구제=지역주의' 상황에서는 공천이 곧 당선으로 간주된다. 국회의원들은 차기 공천에 전전긍긍한다. 그들은 당론이 민심과 달라도 좀체 반대 목소리를 내려고 하지 않는다.

소선거구제는 1988년 13대 총선 때부터 도입됐다. 이전까지는 한

선거구에서 두 명을 뽑는 중선거구제였다. 당시 소선거구제 도입은 1노3김(노태우·김영삼·김대중·김종필) 간 정치공학적 타협의 산물이었다. 시대가 변했고, 폐해가 엄청난데도 우리 정치권은 소선거구제를 전가(傳家)의 보도(寶刀)인 양 움켜잡고 있다.

그래도 희망의 싹이 보여 눈이 번쩍 뜨인다. 정의화 국회의장은 지난달 제헌절 기념사에서 "지역주의를 벗어나 국민화합을 이루고, 국익을 위해선 초당적 협력이 가능하도록 승자 독식의 현행 국회의원 선거제도를 개혁하자"고 역설했다. 정 의장은 이후에도 중·대선거구제, 권역별 비례대표제 등을 도입해야 한다는 소신을 밝혔다. 김무성 새누리당 대표는 지역구에서 아깝게 2위로 낙선한 후보를 비례대표로 당선시키는 석패율제 도입을 검토해 볼 만하다고 했다. 새누리당 이정현 의원이 7·30 재보선에서 '호남의 기적'을 일군 것도 고무적이다.

여야가 텃밭 영·호남에서 의석을 좀 잃더라도 상대 지역에서 보충하면 민심 수렴과 국민 화합이 쉬워진다. 대화와 타협을 통한 민생 정치도 물꼬가 트인다. 선거구제 개혁이 국회 개혁의 돌파구요, 정치 개혁의 마중물인 것이다. 영·호남 의원들의 기득권 포기가 관건이다. 하지만 세계는 급변하고 있다. 언제까지 우리 정치가 민생과 국익을 외면한 채 대결만 일삼을 것인가.

뿌리 깊은 정치 불신을 씻고 국회가 제 역할을 하려면 소선거구제부터 타파해야 한다. 차기 총선을 1년 반쯤 앞둔 지금이 적기다. 〈명량〉의 백성들은 말했다. "후손들이 우리가 이렇게 개고생한 것을 알아줄까." 정치 지도자들부터 이 물음에 엄중히 답해야 한다. (부산일보, 2014.08.08)

당당한 총리·장관을 보고 싶다

미국 대통령이 고위 공직자를 임명하는 외신을 볼 때마다 참 부러운 풍경이 있다. 2013년 1월 21일 집권 2기 시작에 앞서 버락 오바마 대통령이 장관들을 인선할 때도 마찬가지였다. 오바마 대통령은 얼마 전 척 헤이글 전 상원의원을 차기 국방장관으로, 존 브레넌 백악관 대(對) 테러·국토안보 보좌관을 중앙정보국(CIA) 국장으로 공식 지명한 뒤 백악관에서 기자회견을 했다. 여기에 리언 파네타 현 국방장관도 함께했다. 네 명이 나란히 서서 돌아가며 기자들과 질의응답을 하고, 함께 파안대소하는 모습이 너무나 자연스러웠다.

오바마 대통령이 지난 연말 존 케리 민주당 상원의원을 차기 국무장관에 지명하는 성명을 발표할 때도 마찬가지였다. 두 사람은 나란히 서서 기자회견을 했고, 악수를 나눴다. 악수를 할 때 존 케리는 왼손으로 오바마의 오른쪽 위팔을 가볍게 두드렸다. 오바마는 밝은 웃음으로 화답했다. 이 장면 사진만 언뜻 보면, 마치 존 케리가 대통령 같다.

미국 대통령과 장관들이 상하 관계를 넘어 국정 동반자로 서로 예우하고 존중하는 관행을 알 수 있다. 미국은 정치문화가 그렇다고 치부하면 그만일까. 한국에서도 장관 전임자와 후임자가 대통령과 함께 서서 기자회견을 한 적이 있었던가. 총리나 장관 지명자가 악수를 하며 대통령의 팔뚝을 두드리는 모습을 상상이나 할 수 있는가. 우리가 기억하는 고위 공직자 임명식 풍경은 지명자들이 대

부산의 오늘을 묻고 내일을 긷다

새 정부 성패 책임총리·장관제 구현에 달려
청렴하고 강단 있게 일하는 모습 보여 줘야

통령에게 90도 가까이 절을 하며 임명장을 받는 모습들이다. 물론 임명식 풍경만으로 미국과 한국의 정치수준을 재단할 수는 없다. 그러나 두 나라 대통령과 장관 사이의 간극 차이는 분명히 알아챌 수 있다.

미국과 한국은 같은 대통령제 국가다. 국민의 직접 선거로 선출된 두 나라 대통령은 임기 동안 국가 최고 지도자 역할을 한다. 다른 점은 한국이 제왕적 대통령제에 가깝다는 점이다. 대통령 1인에게 권력이 너무 집중돼 있다. 역대 국무총리들이 헌법에 정해진 권한을 제대로 행사하지 못하고 '의전총리', '방탄총리' 노릇을 하기 일쑤였다. 장관들도 대통령과 청와대 눈치 보느라 강단 있게 일하는 모습을 보여준 사례가 드물었다.

박근혜 대통령 당선인은 대선 과정에서 책임총리제와 책임장관제를 공약했다. 총리에게 헌법상 권한을 제대로 행사하도록 하고, 3배수 장관제청권을 주겠다고 했다. 장관들에게는 각 부처의 예산·인사·조직에 관한 권한을 실질적으로 위임하겠다고 했다. 총리와 장관이 헌법과 정부조직법에 정해진 권한을 정당하게 행사하고 결과에 책임을 지는, 너무나 당연한 제도를 공약한 것이다. 왜 그랬는가. 역대 정권에서 제대로 시행하지 않았기 때문이다.

대통령직 인수위원회는 엊그제 2013년 2월 25일 출범하는 박근혜 정부의 조직을 17부3처17청으로 확정했다. 다음 수순은 총리와 장관을 비롯한 고위직 인선이다. 박 당선인의 공약대로 총리가 장관제청권을 행사하고 새 정부 출범 전에 총리와 장관 인사청문회를 순차적으로 마치려면 총리 인선부터 서둘러야 한다. 대(大)탕평 인사를 하겠다고 했으니 전문성과 연령, 성별과 계층, 출신지역까지 고려하고 검증절차를 거치려면 시간이 빠듯하다. 그러나 탕평인사를 한다고 총리·장관 인선에 특정지역 출신을 우대하거나 배제하면 뛰어난 역량과 도덕성을 겸비한 인재들을 놓치게 된다.

인사(人事)가 만사(萬事)라고 했다. 새 정부가 떠맡을 5년간 국정운영의 성패는 어떤 인재를 뽑아 얼마나 잘 활용하느냐에 달렸다. 책임총리제, 책임장관제 구현에 대한 박 당선인의 의지가 관건이다. 역대 대통령의 인사 실패를 반면교사로 삼을 만하다. 측근이나 심복 위주의 '코드 인사', '회전문 인사'는 실패의 지름길이다. 보안에 치중하다 '불통 인수위'라는 비난을 산 '깜깜이 인사', '밀봉 인사'가 지속되면 국민과 동떨어진 '불통 정부'로 치닫게 된다.

나라 이익과 국민 행복을 위해 매진할 인재들을 널리 구하고 철저한 검증을 거치도록 해야 한다. 일단 임명하면 임기와 권한을 충분히 보장하고 책임도 확실히 물어야 한다. 총리와 장관들도 대통령의 국정 동반자로서 소신껏 당당하게 일하고, 때가 되면 의연하게 물러나는 자세를 가져야 옳다.

책임장관제가 시행되면 장관들이 산하 공공기관장들에 대한 실질적인 인사권을 행사할 수 있다. 그렇게 되면 역대 정권에서 청와대가 선거 등에 관여한 인사들을 공기업 사장이나 고문·감사 등으로 내려보내던 '낙하산 인사' 폐단도 근절할 수 있다. 박 당선인이 인사의 첫 단추를 잘 끼우기 바란다. 더불어 새 정부에서는 청렴하고 강단 있는 총리와 장관들의 당당한 모습을 자주 보고 싶다. (부산일보, 2013.01.18)

국민의 신뢰가 생명이다

4·11 국회의원 총선거는 민심 읽기와 대응의 우열이 승패를 갈랐다. 새누리당이 예상을 깨고 152석이란 과반의석을 차지했다. 그 주역은 '선거의 여왕' 박근혜였다. 부산만 해도 다섯 번이나 찾아 '낙동강 벨트'의 민심 요동을 막기 위해 안간힘을 썼다. 야당의 '정권 심판론'에는 '야당 심판론'으로 맞섰다. 한·미 FTA(자유무역협정) 및 제주 해군기지 건설과 관련한 말 바꾸기 논란, '나꼼수' 김용민 후보의 막말 파문을 공격하며 "이런 야당에게 국회와 나라의 장래를 맡겨서 되겠느냐"고 핏대를 세웠다. 그러면서 '미래, 화합, 약속'을 키워드로 중도·보수층을 결집시켰다. 그들의 불안·분노를 파고들며 '국민의 신뢰'를 자기 상표처럼 활용했다.

야당은 초반 승기로 자만에 빠져 스스로 무너졌다. 대통령 사저 파문과 측근들의 비리, 전당대회 돈봉투 사건, 민간인 불법사찰 재점화 등 이명박 정권의 잇단 악재로 총선 승리를 '떼어놓은 당상'으로 간주, 민심의 변화를 읽지 못했다. 민주통합당과 통합진보당의 야권연대는 수도권에서 일부 효과를 봤으나 안보 불안감을 키워 무당파 중도층의 이탈을 불렀다. 민주당은 우물쭈물 리더십과 오락가락 정책으로 수권정당의 비전과 역량을 보여주지 못했고, 국민의 신뢰를 얻는 데 실패했다. 유약한 한명숙 대표는 역부족이었고, 대권주자로 떠오른 문재인은 부산권에 매여 있었다. 통렬한 반성과 체제 정비가 급선무다.

민심 읽기, 총선 승패 갈라… 대선 예단 일러
국회의원, 헌법 따르고 하심(下心)으로 공약 실천을

　총선 결과로 12·19 대선을 예단하기에는 이르다. 이긴 새누리당
도 서울 참패로 그늘이 짙다. 서울은 정치적 민감도가 높아 정권 심
판론이 먹혀들었다. 텃밭인 영남권 싹쓸이에다 강원·충청 지역 돌
풍으로 제1당이 됐으나 정당 득표율을 보면 상황이 녹록지 않다.
새누리당이 42.8%로 1위였지만, 민주당 36.5%와 진보당 10.3%를
합치면 46.8%나 된다. 부산은 새누리당이 18개 선거구 중 16석을
얻었으나 부산진 갑, 사하 갑, 북강서 갑·을, 남구 을 등에서 3~8%
포인트 차이로 간신히 이겼다. 민주당은 부산·경남에서 사상, 사
하 을, 김해 갑 등 3석을 얻는 데 그쳤다. 하지만 4년 전 12.7%였던
부산의 정당 득표율이 31.8%로 높아져 고질적인 지역구도 타파 가
능성을 입증했다. 문재인은 카리스마 있는 파괴력을 보여주진 못했
지만 '절반의 성공'은 거뒀다는 평가다.
　총선은 끝났다. 낙선자들에게 위로의 말을 전한다. 아쉽고 허망
한 생각에 불면의 고통도 따르겠지만, 새옹지마(塞翁之馬) 고사를
떠올리며 재기를 모색하기 바란다. 당선자들에게는 박수를 보낸다.
내달 30일 갈망하던 금배지를 달고 19대 국회 4년 임기를 시작하게
된다. 당선자들은 등원을 기다리는 동안 국회의원의 본분에 대해
깊이 성찰하고, 선거 때 가졌던 초심을 어떻게 지킬지 각오를 다져
야 할 것이다.
　국회의원은 헌법을 금과옥조(金科玉條)로 삼아야 한다. 헌법을

수시로 숙독하여 헌법정신대로만 행동하면 성공한 국회의원이 되고도 남는다. 우리 헌법은 자유민주주의와 주권재민의 원칙을 바탕으로 국민의 권리와 의무, 삼권분립 등을 규정하고 있다. 국회의원은 헌법이 부여한 권리에 따라 대통령과 행정부의 권력남용을 철저히 감시·견제해야 한다. 또한, 헌법 제46조에 있듯이, 청렴한 자세로 국가이익을 우선하여 양심에 따라 직무를 수행해야 한다. 당리당략에 휘둘려 거수기 노릇을 하면 국익은 물론 본인의 미래도 암울해진다. 부당한 당의 명령을 분연히 거부하고 자기 목소리를 낼 줄 알아야 거목 정치인이 될 수 있다.

국회의원은 많은 특권을 갖는다. 권력의 단맛에 취해 오만해지면 4년 뒤 물갈이 대상이 되기 십상이다. 늘 낮은 데로 임하는 하심(下心)이 몸에 배야 정치생명이 오래간다. 국민이 주인이고, 국회의원은 임기가 정해진 '정치인 머슴'이라는 자각이 관건이다. 국회의원의 임기는 짧고 할 일은 많다. 부산은 총선 10대 의제가 도출돼 있다. 해양수산 전담부서 부활, 획기적 지방분권 실현, 신공항 추진, 원전 안전성 확보, 지역 일자리 창출 등 어느 것 하나 중요하지 않은 게 없다. 지역구 공약도 차근차근 챙겨야 한다.

정치는 국민의 신뢰가 생명이다. 민심은 무딘 듯해도 엄하고, 정치의 오만을 용납하지 않는다. 민심은 선거로 분노를 표출한다. 19대 국회는 툭하면 막장 드라마를 연출한 18대와는 달라야 한다. 8

개월 남은 대선에서 민심은 어떤 심판을 할 것인가. 박근혜는 벌써 '포스트 4·11' 구상을 내놓고 발 빠르게 움직이기 시작했다. 문재인은 용꿈을 꿀 것인가. 주요 변수는 장외 대선주자 안철수 서울대 교수의 행보다. 누가 후보가 되든 살신성인(殺身成仁)의 진정성을 바탕으로 민생 정치를 이끌고 올바른 국가 비전을 제시해야 국민의 신뢰를 얻고 대권을 차지할 것이다. (부산일보, 2012.04.13)

'정치인 머슴' 제대로 뽑기

"남자는 여자 하기 나름"이란 말이 한때 유행했다. 같은 어법으로 하면 "나라는 국민 하기 나름"이 돼야 한다. 그러나 "나라는 정치인 하기 나름"이라는 생각이 앞선다. 정치인들이 잘하면 나라가 흥하고, 반대가 되면 나라가 어지럽기 때문이다. 지금 우리나라 정치인들은 어떠한가. 권력농단과 부정부패, 무능과 무책임, 타협과 소통 실종, 폭언과 폭력 자행 등 부정적인 이미지가 너무 강하다. 정치 불신이 고조되고 수준 이하의 정치판에 분노하면서도 대의민주주의(代議民主主義)라서 하릴없이 체념하고 방관해야 할 것인가.

4·11 총선이 한 달도 채 남지 않았다. 이번 총선은 12·19 대통령선거와 맞물리면서 그 중요성이 배가되고 있다. 두 선거에서 어떤 '정치인 머슴' 후보들이 선출되고, 어느 정당이 다수당이 되고 정권을 잡느냐에 따라 나라의 미래가 좌우된다. 총선 이후 4년, 대선 이후 5년을 실망과 후회 속에 살지 않으려면 국민이 나라의 주인 역할을 제대로 해야 한다.

인터넷에 '주인과 머슴의 차이'란 글이 회자된 적이 있다. '주인은 스스로 일하고 머슴은 누가 봐야 일한다./주인은 미래를 보고, 머슴은 오늘 하루를 본다./주인은 소신 있게 일을 하고, 머슴은 남의 눈치만 본다./…' 정치인들이 모두 이런 머슴일 리야 없다. 그러나 국민이 맡긴 권력을 남용하고 탈선·타락하는 정치인들이 허다하다. "대한민국의 주권은 국민에게 있고, 모든 권력은 국민으로부터 나

부산의 오늘을 묻고 내일을 긷다

나라 주인 국민이 선거로 썩은 정치판 바꿔야
일당 독식에 지역 정체 '견제와 균형' 숙고를

온다"(헌법 제1조 제2항)는 점을 계속 상기시키고, 투표권 행사를 통해 심판해야 한다는 지적이 그래서 끊이지 않는다.

"그 얼굴이 그 얼굴, 누가 뽑히든 내 삶은 달라지지 않는다"는 선거 무관심은 금물이다. 프랑스 철학자 장 폴 주아리는 『나는 투표한다, 그러므로 사고한다』라는 책에서 정치인에게 국민을 두려워하도록 투표로 일깨워줘야 하며, 기권하거나 '묻지 마 투표'를 하면 최악의 정당과 정치인들을 받아들여야 하는 끔찍한 결과가 초래될 수 있다고 경고했다.

4·11 총선을 앞두고 복지가 시대 화두가 되자 주요 정당들은 확실한 재원 조달 방안도 없이 천문학적인 자금이 드는 사탕발림 공약을 남발하고 있다. 시스템 공천, 모바일 혁명 운운하지만 계파 중심에다 일관성 없는 공천으로 잡음투성이다. 도덕적 흠결, 비리 의혹 등 자질이 의심스러운 낙점자들도 한둘이 아니다. 유권자들의 선택의 고민이 깊다.

우선 염두에 둬야 할 점은 지역구 국회의원이라 하더라도 단순히 선거구민의 대리인이라기보다 국민 모두의 대표로서 입법권 행사의 주체라는 사실이다. 국회에서 제정·개정하는 숱한 법률들은 국민들의 삶에 크나큰 영향을 미친다. 국회의원은 또 국가예산 심의·확정, 각종 조약의 체결·비준 동의, 국정감사, 국정처리상황 점검, 국무총리와 국무위원 해임 건의 등 막강한 권한을 갖고 있다.

따라서 국회의원은 청렴하고, 국가이익을 우선하여 양심적으로 직무를 잘 수행할 수 있는 자질과 역량을 갖춰야 한다.

일당 독식구조의 폐해도 숙고해야 한다. 부산의 18대 국회의원 18명 중 17명이 새누리당 소속이다. 지난 4년간 지역의 주요 현안에 그들이 어떤 역할을 했고, 시민들은 만족했던가. 지난 20여 년간 '썩은 막대기를 꽂아도 당선된다'는 싹쓸이 정치판을 만들어 준 결과는 어떠한가. 부산의 미래를 열어줄 신공항은 맥없이 무산됐고, 정체의 늪에 빠져 제2도시 자리마저 위협받고 있다. 여기에는 선거 때만 고개를 숙이고 당선되고 나면 지역발전은 도외시한 채 공천권을 쥔 중앙권력에 매달리는 국회의원 머슴들의 책임이 자못 크다.

호남도 민주통합당 일색이지 않으냐고 탓하지 말자. 그래서 호남 지역이 발전했는가. 특정 정당을 편들자는 게 아니다. 일당 독식구조의 장기화 결과가 매우 실망스럽다면, 이제 부산의 도약과 희망을 위해 정당 간 '견제와 균형' 문제를 진지하게 생각해 보자는 것이다. 고인 물은 썩게 마련이다. 변화가 필요하다. 늘 배신당해 온 일방적 짝사랑 대신 공약과 후보 됨됨이에 가중치를 두고 옥석을 가려야 할 때다.

부산과 연관된 공약은 해양수산부 부활과 가덕신공항 건설, 북항 재개발 및 문현금융단지 사업 국가지원 확대, 해양금융·영상산업 발전 등이 쟁점이 될 전망이다. 물론 선거구별로도 다양한 공약들이 쏟아져 나오고 있다. 선거가 정책대결이 되려면 공약의 타당성과 실행 가능성, 지역 발전 연관성을 냉철하게 따져봐야 한다.

민주주의는 깨지기 쉬운 유리에 비유된다. 대의민주주의는 국민들이 주인 역할을 제대로 할 때 '정치인 머슴'들의 권력 남용과 부정부패를 막을 수 있다. 선거는 주권재민의 최고 실현 수단이다. 이번 선거에서 최대 격전지로 떠오른 부산 시민들의 주인 역할이 참 막중하다. (부산일보, 2012.03.16)

국민의 마음은 무겁다

'봄이 와도 봄 같지 않다(春來不似春).' 지금 우리나라 사정이 그렇다. 국민 대다수가 반대한 대통령 탄핵안이 야당 공조로 국회에서 가결되고, 대통령의 권한은 정지되었다. 국정 공백, 경제난 가중, 대외신인도 악영향을 자초했다. 왜 이런 사상 초유의 사태가 빚어졌는지 억장이 무너진다. 정치인들에 대한 국민의 신뢰는 천 길 낭떠러지로 떨어졌다. 말의 덫에 걸려 결국 '식물 대통령'이 되고 만 노무현 대통령도 책임에서 결코 자유롭지 못하다.

국회 탄핵 표결이 있기 하루 전인 2004년 3월 11일 열린 노 대통령의 기자회견은 시퍼렇게 날이 서 있었다. 야당이 탄핵소추안에서 적시한 선거법 위반, 경제 · 국정 파탄에 대해 조목조목 반박했다. 국민 다수가 원했던 '사과'는 없었다. 노 대통령은 여당의원들이 야당의 탄핵안 가결을 막기 위해 국회 본회의장 농성에 돌입했을 때도 '그럴 필요가 없다'며 말렸다고 한다.

탄핵 가결 이후 반대시위가 잇따르고 여당의 지지율은 치솟고 있다. 반면 야당은 거센 여론의 역풍과 내홍에 전전긍긍하고 있다. 총선과 재신임 연계를 천명, '총선 올인'에 나선 노 대통령은 탄핵정국을 맞아 이런 상황을 염두에 두었던 것일까. 여기다 헌법재판소에서 탄핵소추안을 기각하면 노 대통령이 역사의 승자가 될 수 있을까. 아마 그렇지 않을 것이다. '탄핵당한 대통령'이란 상흔은 임기 내내 국내외 활동에 족쇄로 작용할 것이다.

부산의 오늘을 묻고 내일을 긷다

탄핵안 국회 가결로 권한 정지된 '식물 대통령'
4·15 총선에서 '국민 심판' 무서움 보여줘야

이제 4·15 총선의 성격은 정치 개혁을 위한 국회의원 물갈이 차원을 넘어 대통령직이 걸린 사생결단의 전쟁터가 될 판이다. 탄핵안 가결을 둘러싼 찬반론이 최대 이슈로 부상, 친노(親盧)-반노(反盧)의 세 대결과 국론 분열이 심각해질 공산이다.

선거는 민주주의의 꽃으로, 축제의 장이 돼야 한다. 그러나 이번 총선에 임하는 유권자들의 마음은 무겁기 그지없다. 그래도 어쩔 것인가. 선택은 해야 한다. 선택 기준은 사람마다 다르겠지만, 필자의 생각은 다음과 같다.

첫째, 정치 개혁을 우선 추구해야 한다. 재신임은 국민의 요구에 의해서가 아니라, 노 대통령이 불쑥 국민을 향해 내던진 '뜨거운 감자'이다. 내수경기 침체와 실업난 가중, 조류독감과 느닷없는 3월 폭설 등으로 고통받고 있는 국민이 왜, 선거로 뽑아놓은 대통령의 재신임 문제까지 고민해야 하는가. 우리 국민은 정치권의 부정부패·정경유착·정쟁·당리당략·무능에 신물이 나 있다. 정치판을 바꿔야 한다. 무엇보다 민생과 국정을 챙기고, 부정부패를 척결할 수 있는 사람을 뽑아야 한다. 국민의 심판이 무섭다는 사실을 보여주어야 한다. 그래야 정치판이 환골탈태할 수 있다.

둘째, 지방분권과 국가균형발전의 소명의식이 중요하다. 오랜 중앙집권체제로 돈과 사람, 권력이 서울에 집중되면서 우리나라는 '서울공화국'이 돼 버렸다. 정치·행정·경제·교육·문화의 핵심기능이 서울과 수도권에 죄다 몰려 있다. 반면 지방은 총체적 위기 상태에 있다. 근래 영·호남 간 지역감정이 많이 약화된 반면 수도권과 비수도권 사이에 격차 심화에 따른 차별감정이 확산되고 있다. 17대 국회가 서울과 지방, 수도권과 비수도권의 상생을 도모하는 지방분권과 국가균형발전의 소명의식이 충만한 의원들로 넘쳐났으면 한다.

셋째, 지역 발전의 역군이 될 사람을 뽑아야 한다. 신행정수도 건설과 4월 1일 동시 개통될 경부·호남고속철도가 수도권 집중을 더욱 심화시키고 부산에도 악영향을 미칠 것 같아 염려된다. 경부고속철도를 타면 서울에서 대전까지 49분밖에 걸리지 않는다. 노포동에서 다대포까지 가는 시간보다 적게 걸린다. 이런 식으로 대전-충청권마저 수도권화하고 나면 앞으로 지방은 영남과 호남, 제주도가 남게 된다.

경기도는 이미 인구와 산업생산 등 여러 부문에서 서울을 능가하고 있다. 인천도 부산을 제치고, 제2도시 자리를 노리며 무섭게 뻗어나가고 있다. 반면 부산항은 컨테이너 물동량 처리 기준 세계 3위항에서 2003년 중국의 상하이 항과 선전 항에 밀려 5위항으로 주저앉았다. 머뭇거릴 시간이 없다. 17대 지역 국회의원들은 부산·울산·경남이 합세해 수도권에 맞서는 동남경제권을 조속히 육성·발전시키는 데 핵심적 역할을 해야 한다.

대통령 탄핵소추안에 대한 헌법재판소의 현명한 결정을 기다리면서 이번 총선에서야말로 우리 국민이 주인 노릇 제대로 하여 정치 개혁이 꼭 이뤄지길 기대한다. (부산일보, 2004.03.15)

'풍운아 노무현' 대통령께

오늘 전국이 흐리고 비가 옵니다. 긴 장마 때는 햇살이 그립고, 무더위가 이어지면 서늘한 비가 반갑습니다. 사람의 마음은 이렇게 변덕스러운가 봅니다.

'굿모닝 게이트'에 연루된 여당 대표가 직격탄을 쏘아대고, 개혁신당 논의는 미궁을 헤매고, 청와대 전 부속실장의 '향응-몰카-거짓말' 파문이 이어지는데, 경제난에 지지도는 추락하고, 사면비가(四面悲歌) 속에서 고군분투하느라 심려가 크실 줄 압니다.

서울 언론을 통해 전해지는 대통령의 모습은 '독선적이고, 편협하고, 옹고집이다', '다변이면서, 비판은 싫어하고, 흥분 잘한다' 정도가 아닐까 싶습니다. 편향된 보수언론이 '노무현 죽이기'에 발톱을 세운다고 생각하면 억울한 점이 한둘이 아니겠지요.

그래서인지 며칠 전 '참여정부 국정토론회'에서 대통령께서는 장·차관 130여 명을 앞에 두고 거친 언사로 언론을 성토하셨지요. 그러나 벌컥벌컥 화내는 모습은 5개월여 전 취임 당시 의욕에 차 활짝 웃던 '풍운아 노무현'의 모습과는 판이합니다. 그런다고 언론이 정부의 국정 주도력을 잃게 한 '공공의 적'이라고, 국민들이 믿어줄까요.

저는 주변 사람들에게 '개인 노무현'에 대한 애정 여부를 떠나 '노무현 정권은 꼭 성공해야 한다'고 말합니다. '노무현 상징'의 현실화가 시대적 요청이라고 생각하기 때문입니다. '노무현 상징'은 젊

부산의 오늘을 묻고 내일을 긷다

은 2030, 인터넷 세대들이 중심이 돼 해방 이후 이 땅을 짓눌러온 보수 기득권층의 권위주의, 소외의 그늘을 외면해온 성장주의, 신물 나는 보스 중심의 패거리 정치, 수도권의 비대화와 지방의 위축을 심화시켜온 중앙집권제의 완강한 성곽을 깨뜨려야 한다는 변혁의 표상이지요.

57만 표 차이로 패한 이회창 후보는 정계은퇴를 선언하면서 눈물을 흘렸고, 보수적인 5060세대도 따라 울었지만, 그것이 우리 겨레의 역사에 예비된 '운명적 선택'의 결과였기에, 5060도 긴가민가하면서 참여의 흐름을 탔던 것입니다.

당선 직후 스스로 고백한 '신의 작품'으로 청와대에 들어가게 된 대통령께서 사면비가에 지쳐 '노무현 상징'의 현실화라는 역사적 소임을 행여 잊지나 않을까 싶어 주제넘지만 몇 마디 고언을 드립니다.

먼저, 국정현안을 '일관된 원칙'으로 정면 돌파하십시오. 지금의 국정혼란은 집권초기의 과도기적 상황일 뿐이라고 애써 자위하지 마시고, 청와대부터 냉철한 자기반성을 토대로 정치·경제·사회·외교 등 각 부문이 올바르게 나아가고 있는지 점검하십시오. '젊은' 대통령답게 산업현장과 소외계층을 더 자주 찾아 민생을 살피고, 국민통합에 박차를 가하시기 바랍니다.

아울러 재계든 노동계든 이익단체든 집단의 부당한 힘에 떠밀리지 말고, 맨손으로 일어난 '풍운아'답게, 평가는 역사에 맡기고, 미봉책보다 확고한 원칙으로 실마리를 풀어나가십시오.

국무총리와 장관들에게 넉넉한 권한을 주고, 책임은 확실히 물으십시오. 대통령에게 힘이 죄다 쏠리면 '거수기 내각'이 되고 국정 시스템이 흔들릴 게 뻔합니다. 임기 5년 중 '이것만은 꼭 이루겠다'는 핵심부문에 집중하십시오. 대통령께서는 '노무현 상징' 구현의 핵심이랄 수 있는 지방분권과 국가균형발전, 정치개혁 부문에서 A학점을 받는다면 나머지 부문은 B학점 정도만 받더라도 '성공한 대통령'으로 기록될 것입니다.

진격군의 총수가 중상을 입는 바람에 승리를 놓친 사례는 역사에 숱합니다. 언론과의 전쟁도 마찬가지입니다. 공정거래위원회와 문화관광부, 국정홍보처가 앞장서면 되지, 왜 대통령이 자꾸 전면에 나서는지 의아해하는 사람이 많습니다. 지방신문을 살리려면 메이저신문이 '자전거일보'의 탈을 쓰고 경품을 마구 뿌리는 불법행위를 엄단하는 게 급선무입니다. 제도적 장치 마련도 필수이지요.

참모가 호가호위하거나 사리탐욕에 빠지면 읍참마속 하십시오. 제갈공명인들 기울어져 가는 촉나라의 부족한 인재 풀에서 쓸모 많은 마속을 차마 베고 싶었겠습니까. 전체의 기강을 세우기 위해, 눈물을 머금고 그랬겠지요.

유유히 흐르는 장강에는 지천의 물이 섞였다 빠져나가곤 합니다.

그러든 말든 본류만 샛강으로 새지 않으면 도도히 바다에 이르게 됩니다. 모두를 이끌고 갈 수는 없더라도 가급적 우군을 늘리도록 포용력을 발휘하십시오.

어쭙잖게도 말이 길어졌습니다. 대통령께서 귀를 크게 열면 국민들에게 희망을 주리라는 짧은 생각 탓인가 봅니다. (부산일보, 2003.08.11)

YS와 DJ를 넘어

요즘 사람들은 '게이트란 말만 들어도 신물이 난다'고 한다.

대통령 처조카와 청와대 수석까지 연루된 '이용호 게이트'와 수지 김의 죽음을 은폐하고 집단기만극을 벌인 '윤태식 게이트'는 국민들을 혼돈과 절망의 나락으로 빠뜨리고 있다. 청와대, 정부부처, 국가정보원 등 권력집단에 일부 언론인까지 얽히고설킨 그 부정부패의 끝자락은 어디인가.

지금 우리는 어떻게 해야 하는가. 특별검사팀과 검찰의 수사 상황을 지켜보면서 가슴만 쳐야 할까. 아니다. 국민의 이름으로, 썩어 문드러진 정치판을 쟁기질해야 한다. 부패하고 무능한 후보는 떨어뜨리고, 올곧고 유능한 사람을 뽑는 유권자 혁명을 예비해야 한다.

올해는 6월13일 지방선거, 8월 국회의원 재·보선에 이어 12월19일 제16대 대통령선거가 치러진다. 여야 '예비후보'들의 경선 참여 선언이 잇따르면서 대통령선거는 전초전이 이미 시작됐다.

그렇다면 '바람직한 차기 대통령상'은 어떠한가. 사람마다 중시하는 관점이 다르겠지만, 유권자의 한 사람으로서 필자의 '희망사항'을 피력해 본다.

무엇보다 차기 대통령은 'YS(김영삼)와 DJ(김대중)를 뛰어넘는 대통령'이 됐으면 한다.

YS와 DJ는 민주화 투쟁경력을 바탕으로 대통령이 됐다. 훗날 냉철한 역사적 평가가 뒤따르겠지만, YS와 DJ의 업적 자체는 결코

부산의 오늘을 묻고 내일을 긷다

작지 않다. YS는 군내 사조직인 하나회 척결, 금융실명제 실시, 공직자 재산공개, 전직 대통령 단죄 등 굵직한 업적을 남겼다. 그러나 한보사태와 차남 현철씨 비리, 가신들의 축재에 이은 초유의 IMF(국제통화기금) 외환위기 사태로 '실패한 대통령'으로 낙인 찍혀 있다. DJ도 외환위기 극복, 남북정상회담 등 업적이 상당하다. 그러나 각종 비리와 의혹 덩어리 '게이트'가 꼬리를 물고 터져 나오면서 '게이트 공화국 대통령'이란 오명을 덮어쓰고 있다.

그래서 차기 대통령은 임기가 끝날 때까지 권력집단의 부정부패와 정책 혼선을 막을 수 있는 강직하면서도 국가경영능력이 뛰어난 후보가 당선됐으면 한다.

자신과 권력집단에게 한없이 엄격한 잣대를 세워 부정부패를 원천적으로 봉쇄하되, 행여 측근이나 친인척, 고위공직자의 잘못이 드러나면 질질 끌다 여론에 떠밀려 경질하기보다 가차 없이 읍참마속(泣斬馬謖)하여 국정혼란을 최소화할 수 있는 대통령을 보고 싶다.

국민들은 툭하면 실정에 대해 유감을 표명하거나 사과하는 대통령을 더 이상 보고 싶지 않다. YS는 임기 말인 97년 4차례를 포함하여, 총 6차례의 사과담화를 했고, DJ는 지난해 6차례를 포함해 지금까지 11차례나 유감 또는 사과 표명을 했다.

더불어 차기 대통령은 보스정치, 붕당정치로 대변되는 '3김식 정치'의 폐단을 척결, 만연한 정치 불신을 씻고 '국민에게 희망을 주는 정치'를 정착시켰으면 한다.

두번째로 국민 위에 군림하는 '제왕적 대통령'이 아닌, 국민을 섬기는 '의로운 대통령'을 꿈꾸고 싶다.

지금 우리 사회는 불법과 편법이 야합한 권력형 비리사건이 잇따르면서 도덕과 윤리의 위축, 가치관 혼란이 심각한 상태이다. 차기 대통령은 국민들에게 '불의는 망하고, 정의가 반드시 승리한다'는 확신을 심어줬으면 한다.

경제난 취업난을 생각하면 일자리를 만들고 경제를 살리는 'CEO(최고경영자) 대통령'도 필요하지만, '열심히 일하고, 정당하게 보상받는' 사회정의, 경제정의를 바로세우는 '의로운 대통령'이 더 절실한 시대적 요청이 아닐까.

마지막으로 '지역감정을 딛고 통일로 나아가는 대통령'을 바라고 싶다. YS와 DJ는 지역감정의 멍에에서 결코 자유로울 수 없다. 그러나 21세기 첫 대통령은 망국적인 지역감정을 떨치고 격변하는 지구촌 흐름을 예의주시하면서 평화통일의 초석을 쌓아 국제사회의 치열한 생존경쟁 속에서 우리 겨레의 살 길을 열어나가야 한다.

선거는 자유민주주의의 꽃이다. 유권자 혁명이 가능하기 때문이다. 누구를 차기 대통령으로 뽑느냐에 따라 나라의 명운이 달라진다. 일단 뽑고 나면 실정을 거듭해도 대통령을 바꾸기란 '하늘의 별따기'이다. 그만큼 유권자의 선택이 중요하다. (부산일보, 2002.01.28)

부산의 오늘을 묻고 내일을 긷다

20세기의 '껍데기'는 가라

'큰 정치'를 보고 싶다. 20세기가 저무는 이 가을에 국민들의 지치고 멍든 가슴에 희망을 심는 정치 개혁을 갈망하는 것이다. 21세기에는 더 이상 답답한 정치판을 보고 싶지 않다. 뿌듯하고 '향기로운' 가슴으로 새 천년을 맞고 싶다.

우리나라 국민 대다수가 이런 희망을 품고 있을 것이다. 그런 희망이, 꿈이 이뤄질 수 있을까. 현재 그 대답은 부정적이다.

1999년 10월 4일 본대 1진이 동티모르로 떠난 상록수부대 파병 문제만 해도 그렇다. 지난 60년대 월남전 참전 이래 첫 전투부대 파병을 놓고 여야는 극한대립을 빚었다.

김대중 대통령은 지난달 중순 뉴질랜드에서 열린 아시아·태평양 경제협력체(APEC) 회의에서 주민투표를 통해 독립을 선택한 동티모르 주민들이 친 인도네시아 자치파 민병대들에 의해 무자비하게 살해되는 '킬링필드'의 비운을 외면해서는 안 된다며 다국적군 파견을 주창, 큰 호응을 얻었다.

그러나 정작 국군 파병 절차에서 문제가 불거졌다. 김 대통령은 헌법에 명시된 국회 동의도 거치지 않은 채 국군 파병 계획을 먼저 발표했고, 집권여당은 야당에게 '사후동의'를 구하는 식으로 밀어붙였다. 자연 국회 처리 과정은 파행으로 이어졌다.

한나라당의 태도도 불투명했다. 주요 교역국인 인도네시아와의 관계 및 현지 교민들의 반대 등을 내세웠지만 전투부대 파병 반대의 속내는 노벨 평화상 후보로 거론돼온 김 대통령의 '흠집내기'와 맥락이 닿아 있다는 지적이 많았다.

이런 배경에는 대선 이후 김 대통령과 한나라당 이회창 총재 간에 쌓인 감정이 작용했다는 분석도 나왔다. 그게 사실이라면 정말 어처구니없는 일이다. 여야의 대표적인 지도자들이 '묵은 감정' 때문에 국내외 시선이 쏠린 나랏일을 파행으로 몰고 갔단 말인가.

우리 정치판은 김영삼 전 대통령과 김대중 대통령, 김종필 국무총리로 대변되는 '정당 오너 체제'의 폐해가 심각하다. '오너'들은 총선 공천권을 무기로 오랜 세월 당을 좌지우지해 왔다. '3김 정치' 청산을 강조하는 한나라당 이 총재도 측근들을 중심으로 당을 사당화하고 있다는 비판이 끊이질 않는다.

지금 여야는 저마다 '젊은 피' 수혈을 외치고 있지만 국민들의 반응은 썰렁하다. '오너'들은 신당을 만들 때마다 참신한 각계 전문가들을 영입했다고 공언했다. 그러나 신진인사들은 기존 정치인들처럼 공천권 앞에 '파리 목숨'으로 전락, 대부분 제 역할을 못하고 오그라들기 일쑤였다.

선진국은 어떤가. 지난달 28일 영국 노동당 전당대회에서 "21세기의 국가는 지식에 기초한 경제, 강력한 시민사회, 국제무대에서의 자신감을 필요로 한다. 이를 성취하는 나라에만 미래가 있다"고 목청을 돋운 토니 블레어 총리는 올해 46세다. 그는 5년 전에 영국

부산의 오늘을 묻고 내일을 긷다

노동당 당수가 됐고 2년 전 정권교체를 성공시켰다. 미국은 40대에 백악관에 들어간 빌 클린턴 대통령에 이어 차기 대선주자로 유력한 공화당의 조지 부시 2세 텍사스 주지사가 53세, 민주당의 앨 고어 부통령이 51세이다.

우리나라도 이제 정당 1인 지배 체제를 벗어나야 한다. 그리하여, 국민들의 신뢰를 바탕으로 만주 땅에서 굶주리며 떠도는 수많은 탈북자들의 인권에도 관심을 쏟고 국제무대에서도 당당한 목소리를 낼 수 있는 '젊은' 지도자들이 많이 나와야 한다.

국민들은 '국민의 정부'가 최대 과제로 추진 중인 재벌개혁 못지 않게 정치개혁을 바라고 있다. 21세기를 바라보면서 이제 정말 20세기까지의 온갖 잘못된 유물, 쓰레기 같은 '껍데기'들을 떨쳐버렸으면 싶은 것이다.

민족시인 신동엽은 이미 30여년 전, '껍데기는 가라/ 한라에서 백두까지/ 향그러운 흙가슴만 남고/ 그, 모오든 쇠붙이는 가라'고 외쳤다.

이 시에서 '쇠붙이'는 '역사상 민족적 고난을 누적시켜온 외세의 침탈 등을 가리킨다'고 한다. 그러나 우리 민족의 고난이 어찌 외세만의 잘못 때문이겠는가. 21세기 한겨레를 이끌고 나갈 '지도자'들은 대오 각성, 환골탈태해야 한다. (부산일보, 1999.10.04)

4장

청년들이 울고 있다

아수라장 선박에 선장은 없었다

"충격이 있고 한 시간이 지나 헬기가 오는 소리가 들렸지만, 선실에서 안내하는 사람이 없었다. 근처에 어른은 아무도 없었다."(학생 A)

"배가 기울어져 물이 차기 시작했는데도 오전 10시가 지나도록 방송에선 움직이지 말라고만 했다. 그대로 있으면 죽을 거 같아 친구들과 선반에 있는 구명조끼를 꺼내 입었다."(학생 B)

2014년 4월 16일 오전 전남 진도군 해상에서 발생한 세월호 참사. 18일 오전 현재 전체 탑승객 475명 중 사망 25명, 실종 271명. 부실한 초동대응이 피해를 키웠다는 정황이 속속 드러나면서 더 큰 국민적 공분을 불러일으키고 있다. 사후 조치만 제대로 됐더라면 인명 손실을 최소화하는 '세월호 기적'을 낳을 수도 있었을 거란 안타까움도 더해지고 있다. 아, 배가 기울기 시작하자마자 선장과 선원들이 신속히 안내하고 구조 활동을 펼쳤더라면….

사고 당시 세월호에는 경기도 안산 단원고 2학년 학생 325명도 탑승하고 있었다. 그들은 제주도로 수학여행을 가는 중이었다. 검푸른 파도를 헤치고 달려가는 크루즈선에서 그들은 얼마나 즐거웠을까. 학교 공부에서 벗어난 해방감과 여행 기분에 들떴을 그들의 명랑한 웃음소리는 '분수처럼 흩어지는 푸른 종소리'였을 터. 그 푸르고 밝은 꿈들이 한순간에 산산조각 나고 말았다. 무엇이 그렇게 만들었나. 어른들의 무책임과 안전불감증이다.

세월호에는 이준석 선장과 1등 항해사 2명, 2등 항해사 1명, 3등

선장 도망가면서 승객들에겐 선실 머물라 지시
비겁한 모습, 기성세대 자화상 아닌지 각성해야

항해사 1명, 갑판장, 조타수 3명, 기관장 1명 등 승무원 29명이 탑승하고 있었다. 사고 당일 오전 10시30분 구조자 47명을 태우고 부근 팽목항에 가장 먼저 도착한 진도군 조도면 급수선 707호. 그 '탈출 1호' 구조선에 선장과 항해사 등 승무원 10명이 함께 타고 있었다. 그들이 구조선을 타고 사고 현장에서 도망치던 그때, 세월호는 계속 침몰 중이었다. 선실 안은 아수라장으로 변했고, 승객들의 울부짖음과 비명이 이어지고 있었다. 배 안에 남은 승무원들은 선장의 지시를 받지 못해 "움직이지 말고 선실에 그대로 있으라"는 방송만 계속하고 있었다. 이 방송을 믿고 선실에 대기했던 승객들은 대부분 실종 상태다. 구명조끼를 입고 바다로 뛰어든 승객들도 애타게 구조의 손길을 기다렸을 터이다.

이 선장은 무책임의 극치를 보여줬다. 자신은 살겠다고 도망가면서 승객들은 선실에 머물도록 했다. 선박에서 사고가 나면 먼저 구명조끼를 입고 다음은 갑판 위로 나가야 한다. 승객들이 그렇게 하도록 이끄는 게 선장과 승무원의 기본 책무다. 그가 배가 완전히 침몰할 때까지 금쪽같은 2시간여 동안 끝까지 학생들에게 구명조끼를 나눠주며 탈출을 돕다 숨진 '구조 천사' 승무원 박지영 씨처럼 행동했더라면, 그는 지탄의 대상이 아니라 숱한 생명을 구한 영웅이 되었을 것이다. 철면피한 그도 지금 "내 새끼 살려 달라"는 실종 학생 부모들의 절규를 듣고 있을까. 앞으로 명확한 사고 원인 규명과 철저한 진상조사, 책임 방기에 대한 엄벌이 이뤄져야 할 것이다.

　이번 참사는 292명이 숨진 서해훼리호 사고의 악몽을 떠올리게 한다. 악천후에 출항한 서해훼리호는 1993년 10월 10일 전북 부안군 위도 근처 해상에서 침몰했다. 정원 207명의 110톤 선박에 362명이나 타고 있었다. 당시에도 전형적인 인재(人災)란 지적이 쏟아졌다. 무리한 출항을 시킨 선사의 잘못이 컸다. 하지만 서해훼리호 선원들은 탈출하기 바빴던 세월호 선원들과 달랐다. 백운두 선장을 비롯한 승무원 일곱 명은 끝까지 승객 구조작업을 하다 배 안에서 숨진 채 발견됐다.

　이번 참사는 '대한민국이 자식 키우기 겁나는 나라'임을 다시 한 번 드러냈다. 지난 2월 17일에는 경주 마우나 리조트 붕괴사고로 부산외국어대 학생 등 열 명이 숨졌다. 고교생 대학생이 불의의 떼죽음을 당하는 나라에 무슨 미래가 있겠는가. 외신들은 "한국은 20년 전 서해훼리호 사고에서 배운 게 없다", "개발도상국에서 일어나는 여객선 침몰 사고가 21세기 한국에서 벌어졌다"고 지적한다. 대한민국의 수준이 정말 이 정도밖에 안 되나. 비겁한 이 선장의 모습이 우리 사회 기성세대의 자화상은 아닌지 두렵다. 정부 부처의 확실한 재난 안전대책 마련과 함께 아이들을 지키지 못한 우리 어른들 모두의 각성이 필요하다. (부산일보, 2014.04.18)

국내산 생선만 팝니다

'우리 공판장 내에서는 국내산 생선만 판매합니다.' 부산시수협
자갈치공판장에 나붙은 현수막이다. 그저께 둘러본 자갈치시장은
한산했다. 예년 이맘땐 추석 차례상 생선을 사는 사람들로 북적거
렸다. 좌판을 펴 놓고 손님을 기다리던 '자갈치 아지매'는 "새 손님
은 없고 단골손님이 오긴 오는데, 애들이 생선 사 먹지 말라고 한다
며 쪼금만 사 간다"고 푸념했다. 인근 부산공동어시장은 경매 전에
늘 방사능 측정을 하는데, 모두 정상이라며 소비 촉진을 당부했다.

수산물 추석 특수가 얼어붙고 있다. 일본 후쿠시마 원전의 오염
수 유출로 방사능 공포가 다시 확산되고 있는 탓이다. 수산물 시장
매출이 뚝 떨어지고, 횟집들도 손님들 발길이 뜸해지고 있다. 정부
가 "국내에서 유통되는 수산물은 안전하다"고 홍보하고 있지만 국
민의 불안 심리는 수그러들지 않고 있다. '일본 방사능 괴담'마저
확산되고 있어 수산업계와 어민들의 피해도 날로 커지고 있다.

인터넷 등을 통해 빠르게 퍼지고 있는 방사능 괴담은 대부분 사
실과 다르다. 수입 명태는 97%가 러시아산인데도 괴담은 대부분
일본산이라고 한다. 일본산과 한국산 고등어·갈치는 서식지가 완
전히 다른데도 루머는 같은 무리라고 한다. 후쿠시마 원전 오염수
가 한국 바다로 흘러들고 있다는 소문도 그릇된 정보다. 해류가 달
라 오염수가 지구를 돌아 한국 바다로 이르는 데 10년쯤 걸린다. 그
새 오염수는 바닷물에 희석된다. 이런 괴담이 왜 꼬리를 물까. 일본

정부에 대한 불신이 큰 데다 한국 정부도 믿음을 못 주기 때문이다.

2011년 3월 터진 후쿠시마 원전 사고는 지구촌을 경악하게 했다. 후쿠시마 원전 운영업체인 도쿄전력에 전담시킨 사후 조치도 엉망이었다. 원전 부지로 스며든 지하수가 바다로 유출되는 것을 막기 위해 차단벽을 설치했으나 무용지물이 됐다. 그 결과 하루 400톤씩 오염수가 태평양으로 흘러들어 가고 있다. 저장탱크 문제는 더 심각하다. 도쿄전력은 사고 직후 냉각수로 사용된 고농도 오염수를 보관하기 위해 원전 주변에 원통형 저장탱크 1천 개를 설치했다. 하지만 탱크의 접합부분을 용접하지 않고 볼트로 연결해 안전성과 수명이 의심돼 왔다. 최근 일부 탱크에서 오염수가 잇따라 유출되고, 그 주변에서 사람이 3~4시간 정도 노출되면 숨질 수 있는 고농도 방사능도 속속 검출되고 있다.

국제적 우려가 커지면서 사태가 확산되자 뒤늦게 일본 정부가 나섰다. 지난 3일 원전 1~4호기 주변 땅을 얼려 지하수 유입을 막는 동토차수벽(凍土遮水壁) 건설 등의 대책을 내놓았다. 그러나 정작 문제의 핵심인 볼트형 탱크를 용접형으로 교체하는 사업은 대책에서 빠졌다. 도쿄의 2020년 여름올림픽 유치에 악영향을 줄까 우려한 졸속·재탕·짜깁기라는 비판이 무성하다. 이런 일본을 어찌 믿을 수 있겠는가.

우리 정부도 믿음을 사지 못했다. 방사능 괴담이 퍼질 때 국민에

원전 오염수 유출로 수산물 방사능 공포 확산
정부 '먹거리 안전' 단호히 대응 국민 안심시켜야

게 그 진위를 적극적으로 알리지 않고 괴담 유포자를 엄단하겠다고 으름장을 냈다. 정부는 수산물의 방사능 검사 횟수를 늘리고 검역 기준을 강화한 데다 지금까지 일본산 수산물에서 '기준치 이하 미량 방사능'만 일부 검출됐다며 '안전'을 강조해 왔다. 그러나 방사능 물질인 세슘 기준치는 일본이 kg당 100베크렐인 반면, 우리는 370베크렐이었다. 또한 후쿠시마 등 8개 현 50개 수산물 수입을 금지해 왔지만, 이 조치도 중국 등에 비해 미흡했다.

정부는 일본과의 통상관계 악화 등에 대한 우려로 과감한 조치를 취하지 못했다. 하지만 원전 오염수 유출은 일본이 자초한 상황이다. 방사능 관련 정책의 최우선 순위를 국민의 먹거리 안전에 두고, 단호한 대응에 나서야 했다. 정부가 오늘 특별조치를 발표했지만, 늦은 감이 있다. 정부는 후쿠시마 주변 8개 현의 모든 수산물 수입을 금지하고, 다른 지역 일본산 수산물도 방사능 물질이 미량이라도 검출되면 검사증명서를 추가 요구하기로 했다. 또 국내산 식품의 세슘 기준치를 일본과 같은 kg당 100베크렐로 적용, 일본산 수산물이 국내산으로 둔갑하여 유통되지 못하도록 했다. 더불어 검역 인력·장비 보강 및 검역체계 강화 등의 대책도 요구된다.

후쿠시마 원전 사태는 언제 끝날지 모르는 대재앙이다. 정부는 인내심을 가지고, 국민을 안심시키는 조치를 펴 나가야 한다. 식품의약품안전처장은 엊그제 수산시장에 나가 생선을 사고, 회를 시식

했다. 대통령과 국무총리, 해양수산부 장관은 물론 지자체장, 국회의원들도 그렇게 하면 어떨까. 리더들의 진정성이 통하면 국민 불안을 녹일 수 있다. 추석 민심이 방사능 공포에 휘둘려서야 되겠는가. (부산일보, 2013.09.06)

일자리 창출이 시대과제다

　대통령 선거를 앞두고 '시대정신'이 회자되고 있다. 민주통합당 당대표 경선의 선두주자인 김한길 의원은 최근 "정권교체가 최대의 시대정신"이라고 했다. 장외 기대주 안철수 서울대 융합과학기술대학원장은 얼마 전 부산대에서 가진 '지금 우리에게 필요한 것은' 특강에서 "복지, 정의, 평화가 세 가지 중요한 과제"라고 했다. 대선행에 박차를 가하는 문재인 의원은 안 원장과의 공동정부를 제안한 바 있고, '한국의 룰라'를 꿈꾸는 김두관 경남지사는 "노력만 하면 계층이동이 자유로운 나라를 만들고 싶다"고 한다. 저만치 앞서가는 박근혜 의원은 "국민이 편안히 살고 즐겁게 일하는, 안거낙업(安居樂業)하는 나라를 만드는 게 꿈"이라고 했다.

　시대정신의 사전적 의미는 '한 시대의 사회에 널리 퍼져 그 시대를 지배하거나 특징짓는 정신'이다. 정당과 정치인들은 갖가지 말을 시대정신으로 포장해 낸다. 시대정신에 가장 잘 부합해야 대선에 승리할 수 있다고 믿기 때문이다. 안거낙업, 정권교체, 공동정부, 복지와 정의, 평화와 통일, 공평사회, 계층이동에다 경제민주화, 재벌개혁, 양극화 해소, 일자리 확대에 이르기까지 솔깃한 말들이 쏟아져 나오고 있다. 정작 문제는 국민들의 공감도가 낮다는 것이다. 이유가 뭘까. 우선 정책과 비전에 대한 치열한 고민 없이 아전인수 격으로 시대정신 운운해 공허하게 들렸을 수 있다. 또한 시대정신 그 자체가 관점이나 역사관 차이에 따른 유동성이 강해 최대공약수를 찾기 쉽지 않은 탓도 있다.

　나는 '시대정신'보다는 '시대과제'란 말을 쓰고 싶다. '국민들을 널리 이롭게 하기 위해 꼭 성취해야 할 당대의 핵심과제' 정도로 정의한다면, 시대과제란 말 자체에 책임감과 실행의지를 수반하고 있다는 생각 때문이다.

　대선정국의 시대과제로 가장 먼저 '일자리 복지'를 들고 싶다. 유럽을 강타한 경제위기 쓰나미가 세계를 뒤흔들면서 수출 의존도가 높은 우리나라는 금융위기, 실물경제 위축이 심화되고 있다. 국민들의 고통도 커지고 있다. 중산층이 무너져 내리고, 자영업자들의 폐업도 속출하고 있다. 이런 상황에서 국민들에게 가장 절실한 것은 생계와 직결되는 일자리다. 취업자의 일자리 안정과 미취업자, 실업자, 은퇴자를 위한 고용 창출이 무엇보다 중요하다. 정치판도 대선 승리만 염두에 둔 정치공학적인 계산과 이합집산, 소모적인 정쟁에서 벗어나 시대과제 해결에 발 벗고 나서야 한다.

　부산일보가 지난 1일 부산 시민 500명을 대상으로 여론조사를 실시한 결과 19대 국회 지역 의원들이 가장 시급히 해결해야 할 현안은 단연 '지역 내 일자리 창출'(61.9%)이었다. 두 번째로 든 '서민 복지 강화'(35.8%)보다 월등히 높았다. 동아일보가 지난달 24~25일 전국의 성인 1천 명을 대상으로 실시한 여론조사에서도 정치권이 실현해야 할 4·11총선 공약으로 일자리 복지(32.9%)가 1순위로

정치판 '시대정신' 거론 경쟁… 국민 공감 못 사
생계 직결 고용안정·확대 처방이 대선 승리 열쇠

꼽혔다. 다음은 교육 복지(12.5%), 보육 및 아동 복지(11.9%), 빈곤
층 복지(10.2%), 노인 복지(8.1%) 등의 순이었다. 전국경제인연합
회가 비슷한 시기에 실시한 경제전문가 대상 설문조사에서도 대선
후보들이 가장 중시해야 할 경제정책 과제는 '투자·일자리 확대'
(88%)가 압도적인 수위였다.

경제민주화, 재벌개혁, 양극화 해소, 성장과 분배 등도 매우 중요
한 과제다. 이들 과제도 궁극적으로는 민생을 위한 것이고, 민생의
핵심은 일자리다. 대선 경제공약은 일자리 창출 및 확대와 어떤 연
관성이 있는지 철저히 따져야 한다.

일자리 처방도 간단치가 않다. 중소기업은 사람이 없어 고용을
못하고, 대졸자는 일자리가 없어 취업을 못하는 게 산업현장의 현
실이다. 대기업들이 투자를 늘려 신규 고용을 지속적으로 확대하
고, 중소기업들도 양질의 일자리를 제공하도록 이끌어야 한다. 여
성 일자리 확대는 양성평등·보육 문제와 직결된다. 또한 100세 인
생 시대가 도래하고 있는데 700만 명이 넘는 베이비부머들은 은퇴
가 빨라지고 있다. 월급이 줄어도 고용 연장이 가능한 임금피크제
확대와 정년 연장 처방도 필요하고, 전직(轉職)을 위한 기술교육 강
화 등 재취업에 목을 매는 장년층 퇴직자 대책도 발등의 불이다.

19대 대선은 거북이걸음이다. 각 당의 대선후보 선출이 유례없
이 늦어지고 있다. 여야 정당과 대선 후보들이 막판에 공약을 무더

기로 쏟아내면 국민이 제대로 검증하기 어렵다. 하지만 국민은 공약 실천에 혈세가 들고, 공짜 복지가 없다는 걸 잘 안다. 방만한 재정 운영이 부른 유럽 위기가 반면교사다. 대통령이 되고 정권을 잡으려면 선심성 공약을 남발하기보다 국민이 절실히 원하는 시대과제를 깊이 천착해 해법을 제시해야 한다. 대선 승리의 첫 열쇠는 국민 생계와 삶의 질 향상에 직결되는 일자리 처방이다. (부산일보, 2012.06.08)

부산의 오늘을 묻고 내일을 긷다

'베이비부머'라는 이유로…

지난 주말 오후 시골의 한 초등학교에 '58년 개띠' 친구들이 전국 각지에서 모여들었다. 경남 진주에 있는 반성초등학교였다. '동문 한마당 대축제'를 앞두고 1971년도 졸업생들이 전야제를 갖기 위해 모인 것이다. 해마다 이맘때 열리는 동문 축제는 졸업 40주년을 맞은 기(期)에서 주관을 했다. 3개 반 180여 명의 동기생 중 100명이 넘게 모였다.

친구들은 중늙은이로 변해 있었다. 주름진 얼굴과 반백의 머리에서 세월의 흔적이 묻어났다. 벌써 며느리 사위를 보거나 손자 손녀를 본 친구들도 있었다. 그러나 대부분은 아직 자녀들이 학생이거나 미혼이어서 삶의 굴레가 묵직해 보였다. 한국전쟁 직후 1955년부터 '베이비 붐'이 일었고, 산아제한이 발표되기 전인 1963년까지 816만여 명이 태어났다. 1958년에는 단군 이래 처음 출생아 수가 80만 명을 넘었다.

행사장 준비에 바빴던 이들은 고향을 지키며 농사를 짓는 친구들이었다. 젊은이들이 일자리를 찾아 도시로 떠난 농촌에서는 이들이 젊은 축에 든다. 마을 이장인 친구는 자녀가 넷이다. 막둥이가 올해 중학생이 됐는데 "애 많다고 눈치나 보게 만들었지, 나라에서 해 준 것은 없다"며 피식 웃었다. 그는 소득이 예전같지 않다며 자녀 교육비를 걱정했다.

'베이비부머(baby boomer)'들이 본격적으로 결혼을 하고 아이를 낳기 시작한 1980년대는 산아제한 정책이 기승을 부렸다. 가족계획 표어가 '잘 키운 딸 하나, 열 아들 안 부럽다'였다. 이들이 둘째나 셋째 아이, 늦둥이를 낳았던 1990년대도 '적게 낳아 밝은 생활'이란 구호가 이어졌다. 그러다 2000년대 들어 저출산 고령화가 심각해지자 '아빠! 하나는 싫어요 엄마! 저도 동생을 갖고 싶어요'라는 출산장려 구호로 대체됐다. 우리나라 경제 성장과 산업화의 몸통이었지만, 아이를 많이 낳는다고 정부로부터 눈총을 샀던 이들에게 최근의 부산스러운 출산장려정책은 씁쓸할 수밖에!

대도시에서 회사에 다니는 친구는 사진이 취미였다. 20년 넘게 밤낮 없이 일만 하다 보니, 어느 날 문득 '언제까지 이렇게 살아야 하나' 회의가 들었단다. 그래서 사십대에 마라톤을 시작했고, 쉰이 넘어서는 사진 작업에 취미를 붙였다. 이 친구도 고민이 있었다. 아이들이 자라 아파트 평수를 좀 늘리고 싶은데 쉽지 않다고 했다. 불황으로 사업을 접은 친구는 재기를 모색하고 있었고, 명퇴를 앞두고 귀농을 준비 중인 친구도 있었다.

군 장성인 친구는 '천안함' 사건으로 오지 못했다. 그러고 보니 살신성인의 희생정신으로 국민의 심금을 울린 한주호 준위도 '58년 개띠'였다. "…나라와 겨레를 위해 바친 이 목숨/ 믿음에 살고 의리에 죽는 사나이…" 고인이 평소 즐겨 부른 군가 '사나이 UDT'는 베이비부머들의 가슴에 깊은 공명을 울렸다. 그들의 군대생활은 지금

부산의 오늘을 묻고 내일을 긷다

816만 명 출생, 격동의 현대사 지탱해 온 '몸통'
나라·가족 위해 피땀 흘리고 속절없이 등 떠밀려

보다 훨씬 길었다.

베이비 붐 세대는 이 땅의 정치적 경제적 격동기를 온몸으로 버티고 지탱해온 근간이지만 4·19세대, 386세대처럼 세력화하지 못했고, 국가와 사회로부터 합당한 대우도 받지 못했다. 부모에게 효도하는 마지막 세대이자 자식에게 버림받는 첫 번째 세대라는 말이 결코 우스개로 들리지 않는다. 그들이 본격적인 은퇴시기를 맞아 거리로 내몰리고 있다. 1997년 IMF(국제통화기금) 경제위기와 2008년 미국발 금융위기로 이미 두 차례나 정리해고 명예퇴직의 대량 실직 사태를 겪은 바 있는 그들이다. 가뜩이나 치솟는 사교육비에 허리가 휘다 보니 노후 준비가 제대로 될 리 없었다. '58년 개띠'들은 줄곧 가슴을 삭이며 살아온 베이비부머의 대표 격이다. 최근 방영된 MBC의 '58년 개띠들의 바보인생'에 가슴이 먹먹했다는 친구들이 많았다.

일요일 행사는 동문 축제를 넘어 면민(面民)들의 소박한 잔치마당이었다. 지금은 전교생이 200명에도 못 미치지만, 면민들은 상당수가 동문 선후배 간이다. 족구, 배구, 단체 줄넘기, 훌라후프 돌리기, 줄다리기, 팔씨름, 윷놀이, 노래자랑이 이어졌고, 순박한 웃음꽃이 끊임없이 피어났다.

이날 행사를 열심히 준비했듯이 '58년 개띠' 친구들, 베이비부머들은 대부분 나라와 가족을 위해 참 열심히 살아왔다. 가난한 유년

기와 학창시절을 보내고 아들 딸로, 아버지 어머니로 버거운 삶을 살아온 그들! 아직 열정과 체력이 충분한 그들의 등을 누가 밖으로 떠미는가. 무엇이 그들의 맑은 웃음을 앗아가는가. 이제 이 나라가, 이 땅의 지도자라는 이들이 대답할 차례가 아닌가.

행사 끝자락에 나타난 베이비부머 가수 조항조의 진득한 음색이 깊은 여운을 남겼다. "언제 한 번 가슴을 열고 소리 내어/ 소리 내어 울어볼 날이/ '베이비부머'라는 이유로 묻어두고 지낸/ 그 세월이 너무 길었어…." (부산일보, 2010.04.08)

부산의 오늘을 묻고 내일을 걷다

한국에 희망이 없다?

N형, 가을이 저물어가는데 단풍 구경은 많이 하셨는지요? 저는 범어사 주변에서 눈요기만 두어 번 했습니다. 부산은 지금 온통 APEC(아시아·태평양경제협력체) 물결이지만 우리 주위에는 버거운 삶에 속울음을 씹는 이들이 의외로 많더군요.

최근 서울과 인천에 다녀오는 길에도 그런 사람들을 만났습니다. 김해공항으로 갈 때 탄 택시의 40대 기사는 "승객이 줄어 한 달에 150만원 벌기가 빠듯하다"면서 "부산만 어려운 줄 알았는데 대구서 온 손님은 그쪽 경기가 더 가라앉았다고 하는 걸 보니 수도권 빼고 지방은 다 힘든 모양"이라고 했습니다. 그는 또 "참여정부는 말만 요란하고 비현실적인 정책을 쏟아내 국민들에게 믿음을 못 주고 있다. 지지율이 줄곧 20%대에 머무는 정권에 무슨 희망을 걸겠느냐"며 분노하기도 했습니다.

N형, 서울서 만난 지인의 말은 더 충격적이었습니다. 40대 중반인 그는 "이대로 가면 30년 안에 나라가 망할 것"이라면서 "3, 4년쯤 뒤 말레이시아로 이민 갈 계획"이라고 했습니다. 그는 망국을 초래할 가장 큰 문제로 사교육 만연을 꼽았습니다. 다음은 그와 나눈 대화 요지입니다.

—서울의 사교육이 어느 정도이기에 이민까지 갈 작정인가.

△강남쪽을 중심으로 초등학교 3, 4학년 때부터 특목고 진학 대비반에 들어간다. 중·고교까지 9~10년을 살인적인 '학원 순례'에

시달려야 한다. 초등학교 1학년인 늦둥이까지 그런 생지옥으로 내몰 수는 없다. 우리 아버지 세대는 혼자 벌어 자녀 둘 정도는 교육시킬 수 있었다. 우리 세대는 혼자 벌면 아이 하나 공부시키기가 버겁다. 우리 자녀 세대는 부부가 맞벌이를 해도 자녀 하나 교육시키기 힘들 것이다. 이런 판국에 정부가 아무리 출산 장려를 외쳐도 어떻게 아이를 더 많이 낳을 수 있겠는가.

─부유층의 사교육 행진은 끝이 없고, 중산층은 허리띠 졸라매고 좇아가고, 저소득층은 냉가슴만 앓고 있다. 아들딸 잘되길 바라는 부모 마음은 다 같은데, 사교육을 근절시킬 묘책은 없겠는가.

△뿌리 깊은 학벌주의를 깨야 한다. '대학 간판'이 취업부터 시작해서 일생을 좌우하는 게 한국의 현실이다. '어느 대학을 나왔느냐'보다 '실력이 어느 정도냐'를 따지도록 사회체제를 확 뜯어고쳐야 한다. 더불어 공교육 정상화가 발등의 불이다. 과외 금지도 고려해야 한다. 교육권리 침해 등 논란이 많겠지만 실(失)보다는 득(得)이 클 것이다. 역대 정부가 꽉 움켜쥐어 온 학생 선발권도 대학에 돌려줘야 한다. 다양한 선발제도를 자율적으로 시행해야 세계와 경쟁할 수 있는 인재를 키워낼 수 있다.

N형, 공교육 붕괴-사교육 과열 현상을 한시바삐 치유하지 않으면 부(富)와 학력의 세습화, 계급의 고착화로 계층 간 갈등이 걷잡을 수 없게 커질 것입니다. 국민연금 40여 년 뒤 고갈, 매년 2조 원

사교육 만연에 부(富)·학력·계층 세습·고착화
한국 미래 걱정…'부산은 과연 제2도시인가'

씩 25년간 공적자금 상환 등 기성세대가 저지른 잘못에 대해 미래 세대가 "왜 혜택도 없이 비용만 부담해야 하느냐"고 반발하는, 세대 간 갈등 확산도 걱정입니다.

N형, 세계 10위권의 경제대국인 대~한민국의 미래가 어찌 어둡기만 하겠습니까. 반도체 초고속인터넷으로 대표되는 전자공학, 줄기세포로 상징되는 생명공학에서 희망의 단서를 찾을 수 있겠지요. 아니, 그렇게 믿고 우리 세대의 역할과 책임을 다해야겠지요.

그런데 부산의 미래는? 아시아 허브공항으로 도약한 인천국제공항의 웅자와 볼품없는 김해공항을 대비하면서 "부산이 과연 제2도시인가? 이미 인천에 밀린 게 아닌가?" 곱씹다 보니 자괴감과 함께 울화가 끓어올랐습니다. APEC이 과연 '도시 브랜드 가치 상승, 지역경제 활성화, 국제적인 컨벤션 도시로의 발전'을 담보할 수 있을까요? 21개국 정상, 각료, 경제인 등이 몰려오는 APEC의 파급효과를 극대화하여 부산이 실속을 차려야 하는데….

만추의 서울 인천 나들이 길은 어느덧 반백이 돼 버린, 지방에 사는 베이비부머 가장의 어깨가 무거움을 절감케 했습니다. N형도 사업이 녹록하지 않으시지요? 날씨 차가워지는데 건강에 유의하십시오. 다음엔 넋두리 대신 희망의 노래를 전하고 싶습니다만…. (부산일보, 2005.11.14.)

'선택' 독촉하는 새 대학입시안

　기성세대는 이 땅의 청소년들에게 부끄러운 일이 너무 많다. 정쟁이나 일삼는 정치판 이야기는 새삼 들먹이고 싶지도 않다. 경제 불황이 심화돼 실직 걱정과 소득 감소로 한숨짓는 가장이 늘어날수록 얼굴에 그늘이 지는 자녀들도 늘게 마련이다. 치솟는 사교육비에 가장들의 주름살은 깊어지고, 가뜩이나 입시지옥에 시달리는 자녀들의 심신도 더욱 고단해지고 있다.

　'2008학년도 새 대학입시안'이 미래의 주역인 청소년들에게 희망의 메시지가 될 수 있을까. '시작이 반'이라 했는데, 얼마 전 새 대입안을 발표한 교육인적자원부의 행보는 출발부터 개운치 못했다. 새 대입안의 명분은 '공교육 정상화, 사교육비 절감'이요, 골자는 '대학수학능력시험 비중 축소, 내신 성적 중시'이다. 그러나 교육부는 당정 간 의견조율 지연 등을 이유로 여섯 번이나 발표를 연기, 중학교 3학년 학생과 학부모들의 애간장을 태웠다.

　특히 특목고 진학을 꿈꾸던 중3 학생들은 마음고생이 무척 심했을 것이다. '동일계 진학'이 당근이자 족쇄가 될 판인데, 과연 외국어고나 과학고로 진학해도 좋은지. 우수한 친구들이 모이면 내신 성적을 잘 받기 어려운 건 불문가지. 수우미양가 평어로 평가하던 내신이 상대평가인 9등급의 석차등급 표시로 바뀌면서 청춘을 달구던 우정이 슬금슬금 뒷전으로 나앉고 적자생존 경쟁에 서로 낯을 붉혀야 하는 것은 아닌지….

　　　　　　　　　　　　　　부산의 오늘을 묻고 내일을 긷다

고교 진학과 함께 대학·학과 택해 '맞춤식 공부'?
뿌리 깊은 학벌사회 깨트려야 입시지옥 사라져

일반고에 진학하려는 친구들도 고민이 적지 않다. '성적 부풀리기'는 수그러들겠지만 새 대입안에서 내신의 중요성이 절대적인 만큼 '내신 과외'가 활개칠 전망인데다 과목별 9등급제로 바뀌어 비중이 다소 줄기는 했지만 수능 한 등급의 차이에 희비가 얼마나 갈릴 것인가.

교육부는 '고교등급제, 본고사, 기여입학제는 안 된다'는 '3불(不)정책'의 고수를 천명했다. 학생선발권을 갖지 못하는 대학은 대학대로 고민의 늪에 빠져 있다. 바뀌는 제도 아래서도 우수한 학생들을 선발하기 위한 변별력 확보가 어렵기 때문이다.

그래서 새 제도가 적용되면 면접·구술, 논술 등 대학별 고사가 더욱 다양화되고 심화될 것이다. 영어 면접·논술이 확산되면서 폭넓고 깊이 있는 책 읽기 등 교과 밖 학습 강화는 물론 영자신문·원서 일기가 필수적이라는 지적이 벌써 나오고 있다. 상위권 대학의 수학논술고사는 거의 경시대회 수준이 될 전망이다. 봉사활동 등 비교과 영역도 더 중시되는데다 일부 대학서 시행하고 있는 심층면접과 적성검사까지 확대될 전망이라니, 대학에 가려면 만능 특기자가 되어야 할 판이다.

그래서 전문가들은 이렇게 조언하고 있다. "고교 진학과 함께 가능한 한 빨리 가고 싶은 대학과 학과를 선택하고 이에 대비한 '맞춤식 공부'를 하는 것이 중요하다." 대학과 학과 선택이 장래 직업과

100% 그대로 연결되는 것은 아니지만 가장 중요한 변수인 것은 분명하다. 그런데 중3 때부터 장래 직업까지 감안한 대학 및 학과 선택에 내몰려야 하는가. 청소년들은 몇 번씩 장래 꿈이 바뀔 수 있고, 시행착오가 허용되기에 젊음이 아름다운데, 대학 진학을 위해 일찍부터 자신의 진로에 자꾸만 울타리를 쳐야 하다니! 기성세대의 편의에 따라 청소년들에게 선택 폭을 좁혀나가도록 강요하는 것은 너무 가혹하지 않은가.

학벌사회가 온존하는 한 '명문대 진학=출세' 등식을 부정하기 어렵다. 학벌사회를 깨트리고, 고교만 나와도 자기가 원하는 일을 할 수 있는 세상을 만들지 않는 한 '입시지옥'의 형극은 사라지지 않을 것이다. 이것은 기성세대의 책임이다. 그래서 부끄럽다.

그래도 당부하고자 한다. 고교 선택도 중요하지만, 어디까지나 장래 꿈을 이루기 위한 대장정의 한 과정일 뿐이다. 소신 지원했다가 특목고에 떨어졌다 하여 기죽을 필요 없다. 실패는 성공의 어머니라고 했다. 새 대입안을 꼼꼼히 살펴 일반고에서 계속 꿈을 이루도록 노력하면 된다. 대학 진학도 마찬가지다. 평생토록 하고 싶은 일을 찾기 위한 하나의 과정일 뿐, 그게 최종 목표는 아니다. 멀리 보고 큰 꿈을 꾸자. 꿈은 꾸는 기간이 길수록 이룰 확률이 높다. (부산일보, 2004.11.08)

부산의 오늘을 묻고 내일을 긷다

'웃음 권하는 사회'를 위하여

'웃음은 복을 부르고, 암도 물리친다.' 웃음은 신이 인간에게만 내린 축복이요, 한번 웃을 때의 운동효과는 에어로빅 5분의 운동량에 맞먹는다고 한다. 또 웃음은 인체의 면역력을 높여 감기와 같은 감염질환은 물론 암과 성인병을 예방해주고, 하루 15초 웃으면 수명이 이틀 더 연장된다는 연구결과도 나와 있다.

웬 생뚱맞은 웃음 타령인가. 우리 국민들이 너무 웃음을 잃은 채 살고 있는 것 같아서다. 얼마 전 한 증권사 간부가 들려준 얘기다. 그는 외국계 은행에 오래 근무하다 증권사로 왔을 때 '직원들이 잘 웃지 않는' 경직된 분위기에 깜짝 놀랐다. 그래서 먼저 웃으며 직원들에게 '웃으세요'란 캠페인을 한동안 벌였다고 한다. 직원들이 늘 웃음기를 머금은 밝은 객장과 그렇지 못한 객장 중 어느 곳에 고객이 많이 몰릴지는 불문가지다.

그 얘기를 듣고 오가며 사람들을 살펴보니 밝은 얼굴보다는 뭔가 굳어 있거나 무거운 표정들이 많아 보였다. 우리 사회가 왜 이렇게 됐을까. 여러 가지 원인들이 있겠지만, 결국은 이 땅의 지도자들이 나라를 잘못 이끈 게 근원적 이유가 아닐까 싶다.

'문민정부'는 대통령을 비롯한 지도층의 국가경영능력 부재가 IMF(국제통화기금) 환란위기를 낳았고, 많은 가장과 젊은이들이 일자리를 잃거나 직장을 찾지 못한 채 떠돌아야 했다. 그들의 얼굴, 그 가족들의 얼굴에서 당연히 웃음이 사라졌다.

뒤이은 '국민의 정부'는 어떠한가. 한때 대통령이 나서 환란위기를 극복했다고 선언했지만, 내수경기 진작 등으로 부동산, 주식 시장이 불꽃처럼 타올랐을 뿐 서민들이 피부로 느끼는 장바구니 경제는 그렇지 못했다.

나라 바깥의 평가를 봐도 안심할 단계가 아니다. 지난달 말 스위스 국제경영개발원(IMD)이 발간한 「2002년 세계경쟁력 보고서」는 우리나라가 전체 평가대상 49개국 중 27위를 기록, 환란 전인 1995년의 26위에 못 미치고 있다.

무엇보다 국민들의 얼굴에서 웃음기를 거두어간 것은 '최규선 게이트', '홍3 게이트', '파크뷰 사건' 등 온갖 특혜의혹과 권력의 오만이 뒤얽힌 대형 비리들의 끝없는 행진이다. 5년 전의 역사를 반복하듯 얼마 전 대통령의 막내아들이 구속됐다. 혐의는 특가법상 알선수재 등이다. 둘째아들도 권력형 비리로 검찰 수사가 진행 중이다. 비뚤어진 특권의식에서 비롯된 대통령 아들들의 비리는 사회정의와 경제정의의 붕괴, 권력집단에 대한 국민들의 신뢰상실을 단적으로 대변한다.

정말 이러다 우리 사회가 '술 권하는 사회'가 되지나 않을까 걱정스럽다. 1921년 『개벽(開闢)』에 발표된 현진건의 단편소설 「술 권하는 사회」는 일제 강점하의 지식인이 겪던 좌절과 절망을 그렸다. 새벽에 대취해 돌아온 남편에게 아내가 '누가 이토록 술을 권했느냐'

부산의 오늘을 묻고 내일을 긷다

고 묻자 남편은 '이 조선 사회가 술을 권한다'고 대답했다.

월드컵대회와 양대 선거를 통해 우리 사회를 웃음 권하는 사회로 만들 수는 없을까. 나는 그 해법의 키워드 중 하나가 낡은 껍질을 깨는 창조적 변화라고 생각한다.

한국 축구대표팀 히딩크 감독은 선수들과의 첫 미팅에서 월드컵 본선에서 1승도 못 올린 한국 축구의 나쁜 습관을 송두리째 뽑아버리겠다고 공언했다. 그리고 강한 체력과 창조적인 축구를 강조했다. 감독 취임 초반 승패의 기복이 심했고, 야유와 비난이 이어졌다. 그러나 자기 소신을 굽히지 않고 체력강화 훈련에 몰두하며 생각하는 축구를 하도록 선수들을 몰아붙였다. 이제 곧 결과가 나온다. 16강에 진출하면 더 좋고, 설사 실패하더라도 그가 한국 축구에 불러온 변화의 바람은 우리가 계속 확산시켜 나가야 할 것이다.

지방선거와 대통령선거도 이런 관점에서 접근해보면 어떨까. 대통령은 만능권력을 휘두르는 제왕이 아니라 주인인 국민의 행복과 평화를 위해 모든 공복 중 가장 큰 일을 하는 머슴이라는 의식의 변화가 체질화돼 있고, 그 변화를 국가경영능력으로 보여줄 수 있는 후보를 찾고 싶다. 지방단체장 선택 기준도 마찬가지다.

한국 사회의 고질적 병폐인 부정부패를 뿌리 뽑고 정의를 바로 세워 국민에게 좌절과 분노 대신 임기 내내 넉넉한 웃음을 줄 수 있는 큰 머슴. 삶이 팍팍할지라도, 그런 큰 머슴이 멸사봉공한다면 웃음 권하는 사회는 우리 곁으로 성큼 다가올 것이다. (부산일보, 2002.05.27.)

부산의 오늘을 묻고 내일을 긷다

청년들이 울고 있다

D형, 가을이 깊었습니다. 남쪽 산들도 가는 세월을 한탄하듯 끝물 단풍이 피울음을 토하고 있습니다.

뜬금없이 웬 피울음이냐고요? 이 나라 젊은이들이 온통 울고 있기 때문입니다. 대학 졸업장이 '실업증명서'가 되고 있는 냉혹한 현실의 벽 앞에서 젊은이들이 절망하고 있습니다. 부모들의 가슴도 새카맣게 타들어가고 있습니다.

그런데도 이 땅의 '지도자'들은 정쟁에 여념이 없고, 표류하는 국정 혼란에 책임지는 사람은 찾아볼 수 없습니다.

D형, 전국적으로 대졸 실업자 12만 명에 대학 4학년(졸업예정자) 28만 명 등 모두 40여만 명이 일자리 6만 개를 놓고 처절한 생존 경쟁을 벌이고 있답니다. 그나마 6만 개의 일자리도 대부분 수도권 대학 출신 남학생들이 차지하고 있습니다. 지방대 출신과 여학생들은 일자리 구하기가 그야말로 하늘의 별따기입니다.

D형, 단군 이래 최악의 취업대란의 현실 속에서 취직을 못한 대졸 젊은이들을 무능력하다고 탓할 수 있을까요?

고학력 인력의 실업난에 시퍼렇게 멍든 그들이 앞으로 이 땅을 이끌어나갈 주역이란 사실을 생각하면 가슴이 갑갑해집니다. 20대에 이미 날개가 한번 꺾여 버린 그들이, 희망보다 절망에 익숙해져 버린 그들이 앞으로 세계를 상대로 경쟁해 나라를 번성하게 할 수 있을지…. 기성세대의 책임이 큽니다.

D형, 지난 7일 대학수학능력시험을 기억하시겠지요? 수능을 치른 수험생들은 대부분 허탈감과 배신감에 몸을 떨었습니다. 수능이 지지난해에는 어려웠고 지난해에는 너무 쉽더니, 올해 또 너무 어렵게 출제됐습니다.

  수능이 끝나자마자 교육인적자원부 홈페이지는 '나라의 백년지대계'라는 교육정책의 혼란상을 질타하는 수험생 학부모 교사들의 비난이 쇄도했습니다. 국회에서조차 '고3이 리트머스 시험지냐'고 성토했지요.

  D형, 20대의 대학 졸업생들이 취업대란에 절망하고 있는데도 10대 청소년들은 대학에 들어가기 위해 청춘을 담보하면서 공부에 매달리고 있습니다.

  대학에 입학하면 밝고 찬란한 미래가 열릴 것이란 희망을 안고 너도나도 대학 문을 두드리는데, 정작 대학 졸업생들은 일자리 하나 구하지 못해 좌절과 절망 속에 시들고 있으니, 얼마나 아이러니컬한 이 땅의 현실입니까.

  D형, 김대중 대통령은 최근 민주당 총재직을 사퇴한 뒤 '성공한 대통령으로 기억되고 싶다'는 심정을 자주 토로하고 있습니다. 그러나 IMF(국제통화기금) 외환위기 이후 4년간 간단없이 국정이 표류해온 데다 주변에 까마귀가 지천인데 홀로 백로라고 자태를 뽐낸들 국민들의 찬사를 받을 수 있을까요.

최악의 취업대란, 날개 꺾인 20대 처절한 생존 경쟁
기성세대 큰 책임, 복합불황 두려움 떨칠 묘책은?

농약과 환경오염에 쫓겨 자취를 감춘 까마귀들이 떼지어 '게이트 공화국'으로 몰려가 '인간 까마귀'가 된 모양입니다. '정현준 게이트' '진승현 게이트' '이용호 게이트'….

3대 게이트에 국가정보원 고위 간부들이 개입했다는 주장이 새롭게 제기되면서 비리의혹은 뭉게구름처럼 피어오르고 공권력의 권위는 한없이 추락하고 있습니다.

D형, 자존심 상하는 일이지만 늘 일본 경제를 뒤쫓았던 우리나라가 실업난과 국정 혼란 장기화로 복합불황마저 모방할까 걱정입니다. 일본에서는 최근 잃어버린 10년(90년대)에 더해 앞으로 10년도 없다는 악령이 열도를 휩쓸고 있습니다. 자칫 '한국에도 앞으로 10년은 없다'는 우울한 전망이 확산될까 두렵습니다.

이 두려움을 떨치고 일어날 묘책은 없을까요. 임기가 15개월이나 남았는데 벌써 레임덕에 시달리는 김 대통령이나 차기 대통령을 꿈꾸기에 여념이 없는 '잘난' 지도자들이 폭풍우를 헤치고 배를 뭍으로 이끌 선장 역할을 잘할 수 있을까요. 백범 김구 선생이 새삼 그립습니다.

D형, 이제 곧 겨울의 문턱입니다. 이 땅의 젊은이들이, 국민들이 절망의 나락에서 끝내 희망의 싹을 찾지 못하고 몸도 마음도 혹독한 추위를 탈까 울분에 겨워 감상적인 글을 띄웠습니다. (부산일보, 2001.11.19)

사람을 살리는 칼, 죽이는 칼

5월은 뜻깊은 기념일이 참 많은 달이다.

1일은 부처님 오신 날이자 노동절이요, 법의 날이었다. 다 알다시피 5일은 어린이날이었고 8일은 어버이날이다. 또 15일은 스승의 날이요, 18일은 5 · 18민주화운동 기념일이다. 21일은 성년의 날, 31일은 바다의 날이다.

새순이 신록으로 변한 이 푸른 5월, 뜻 깊은 날이 많은 만큼 서로 인정과 웃음을 나누고 희망이 샘솟듯 넘쳐나야 마땅하다. 그러나 실제 나라 돌아가는 형편은 어떠한가.

자비와 무소유를 설파한 부처님의 가르침은 이 땅의 위정자들에겐 공염불이요, 노동자들은 구조조정의 칼바람 앞에 노동절을 축하 잔치 대신 집회와 시위로 맞아야 했다. '유전무죄(有錢無罪) 무전유죄(無錢有罪)'란 말처럼 법 집행의 형평성이 끊임없이 의심받는 상황에서 법의 날을 마음 편하게 맞은 법조인들도 결코 많지 않았을 것이다.

또 50, 60대는 차치하고라도 30, 40대 실업난이 가중되고 있는 상황에서 어린이날 아이들 앞에선 웃었지만 속울음을 삼킨 가장들이 적지 않았을 터이다. 어버이날도 실직을 당했거나 월급을 깎인 장성한 아들, 딸의 죄스러워하는 마음과 이들을 보는 백발이 허연 부모들의 안쓰러운 마음이 교차하면서 무거운 분위기가 되지 않을까 염려스럽다.

뜻깊은 기념일 많은 5월이 우울한 까닭은?
위정자들이 '활인도(活人刀)' 대신 '살인도(殺人刀)' 마구 휘두른 탓

　스승의 날은 또 어떨까. 대학을 나와도 직장을 못 구해 취업 재수, 삼수를 하는 제자들이 늘어나는 판에 상아탑에 스승의 날이 돌아온들 교수들의 마음이 어찌 편안하겠는가.

　푸른 5월에 마음이 우울한 사람이 넘쳐나는 데는 여러 이유가 있겠지만 정치를 하는 위정자들의 잘못이 무엇보다 크다. 위정자들이 불교 선가(禪家)에서 이르는 활인도(活人刀) 대신 살인도(殺人刀)를 마구 휘둘렀기 때문이라고 하면 지나친 표현일까.

　선가에서는 사람의 손이 '천개의 칼'처럼 온갖 것을 만들고 부술 수 있지만 그 칼이 오직 하나의 검일 때는 사람을 살리는 칼(활인도)과 사람을 죽이는 칼(살인도)로 구분한다고 한다.

　김대중 대통령을 비롯한 이 땅의 위정자들은 청와대와 정부, 국회와 정당을 통해 천개의 칼을 종횡무진 휘두르지만 이 땅에는 행복에 겨워 웃음 짓는 민초들보다 경제난에 한숨짓는 민초들이 훨씬 많다. IMF(국제통화기금) 외환위기를 극복했다고 큰소리쳤지만 실업자가 100만 명이 넘어선 지금 일장춘몽이었을 뿐이다.

　집권세력의 살인도는 지난 4월 10일 인천 대우자동차 부평공장 앞에서는 살벌한 활극을 벌였다. 경찰이 법원 판결에 따라 노조 사무실로 가려는 노동자들을 집시법 위반을 이유로 저지하면

서 몸싸움이 벌어졌다. 이 과정에서 경찰은 윗옷을 벗고 아스팔트에 누워 저항하던 노조원들을 방패로 찍고, 곤봉으로 때리고, 군화로 마구 짓이겼다.

1980년 5월 광주를 연상시킬 만큼 끔찍한 영상이 인터넷으로 퍼지면서 국민들은 분노하고 절망했다. 5 · 18민주화운동 기념일을 앞두고, 그것도 '국민의 정부' 시대에 벌어진 이 만행을 광주 망월동 묘역의 혼령들이 보았더라면…. 20년 넘은 세월이 흐르고 새 천년이 벌써 왔건만 집권세력의 '살인도'는 여전하단 말인가.

위정자들 중에서도 집권여당 정치인들은 지난 4 · 26 지방선거 참패가 민생악화 및 그로 인한 중산층 붕괴가 보내는 경고라는 지적을 깊이 새겨 이제부터라도 절망과 좌절을 주는 살인도 대신 희망과 용기를 주는 활인도를 펼치는 데 매진해야 한다.

작가 최인호 씨는 장편소설 『상도』에서 18세기 최대의 거상 임상옥(林尙玉)이 죽기 직전 자신의 재산을 모두 사회에 환원하였고, '재상평여수 인중직사형(財上平如水 人中直似衡, 재물은 평등하기가 물과 같고, 사람은 바르기가 저울과 같다)'이라는 유언을 남겼다고 소개했다.

여야를 막론하고 이 땅의 모든 위정자들이 임상옥 같은 선각자들의 삶에 비춰 자신의 생활을 반추해 권력에 대한 탐욕을 버리고, 정직하게 활인도를 펼쳐 어린이와 성년이 되는 젊은이는 물론 온 겨레가 희망의 바다로 순풍에 돛 단 듯이 나아가길 꿈꾸고 싶다. (부산일보, 2001.05.07.)

익숙한 '원금 보장'과 결별하기

마침내 우리나라에도 1% 금리 시대가 열렸다. 역사 이래 전대미문(前代未聞)의 사태다. 은퇴자들은 거의 '멘붕' 상태다. 한국은행이 2015년 3월 12일 기준금리를 연 2%에서 1.75%로 낮춘 것은 경기 회복세가 너무 미약했기 때문이다. 금리를 내리면 1천100조 원을 넘어선 가계부채가 더 급증할 우려가 크다. 하지만 디플레이션(경기 침체 속 물가 하락) 해일 조짐에 손을 들었다.

기준금리 인하는 예·적금 금리의 연쇄적인 인하를 부른다. 시중은행들은 연 2%대 정기 예·적금(1년 기준) 상품을 완전 폐기할 태세다. 1%대 금리는 이자소득세(15.4%)와 물가상승률(2015년 한국은행 1.9% 예상)을 감안하면 사실상 마이너스 금리다. 은행에 돈을 맡기면 되레 손해가 될 판이다.

수명은 늘어나 100세 시대가 열리고 있는데 이자소득은 줄고 있다. 예금 이자로 생활하던 은퇴자들의 입에서 곡(哭)소리가 나올 수밖에 없다. 금리가 시중은행보다 조금 높은 지방의 저축은행을 찾는 도시 은퇴자들이 늘고 있다는 눈물겨운 소식도 들려온다.

초저금리는 은퇴자에게 '저승사자'나 다름없다. 예를 들어 보자. 은퇴 후 연간 2천만 원의 이자로 생활하고자 할 경우 예금 금리가 5%일 때는 원금이 4억 원 필요하다. 4%일 때는 5억 원, 3%일 때는 약 7억 원, 2%일 때는 10억 원, 1%일 때는 20억 원으로 급증한다. 통계청 조사에 따르면 2014년 은퇴 부부의 월평균 최소 생활비가

초유의 기준금리 1% 시대, 은퇴자 이자소득 격감
'원금 보장' 애착 떨치고 중위험·중수익 상품에 눈 돌려야

168만 원, 적정 생활비가 246만 원이다. 금리가 1%라면 20억 원을 예금해야 이자소득으로 최소 생활비에 맞출 수 있다. 그런데 보통의 은퇴자들이 거금 20억 원을 무슨 수로 예금하나.

1990년대 두 자릿수 금리나 2000년대 중반의 4~5%대 금리는 아득한 전설이 되었다. 현실은 냉엄한 1% 금리 시대다. 그것도 일시적 현상이 아니라 중장기 추세로 굳어질 가능성이 높다. 이미 주요 선진국들은 제로(0) 금리 내지 사실상 마이너스 금리가 일반화하고 있다. 예금으로 재테크하던 호시절은 이제 끝났다. 이자소득으로 은퇴생활을 하는 것도 좀 쳤다. 재테크 방법이나 자산운용 전략을 완전히 새로 짜야 할 시점이다.

우리나라 가계는 부동산 비중이 너무 높다. 은퇴를 했거나 은퇴를 앞두고 있는 50대 이상의 경우 전체 자산 중 부동산 비중이 70~80%에 이른다. 선진국 가계의 자산 운용은 크게 다르다. 미국은 금융자산 비중이 70%, 일본 60%, 영국 50% 수준이다. 게다가 우리나라 가계는 금융자산 투자 때 예금 선호도가 90% 이상이다. 원금 보장에 대한 강한 애착 때문일 것이다.

이제 발상을 바꿔야 한다. 그러지 않으면 장수 리스크가 커진다. 장수 리스크는 수명이 늘어나 은퇴 자산이 조기 고갈되는 위험이다. 자칫 '장수리스크=노후 난민'이 될 수 있다. 가뜩이나 50%에 육박하는 노인빈곤율은 OECD(경제협력개발기구) 회원국 중 부동의 1

위다. 금융 전문가들은 "지금부터라도 '원금 보장'을 잊고, 위험자산을 일정 부분 편입해서 예금 금리에 플러스알파 수익을 얻으려는 노력이 필요하다"고 조언한다.

금융 위험자산은 주식이 대표적이다. 개인들이 주식 투자를 하면 대부분 손실을 본다. 우선 자금력과 정보력에서 외국인이나 기관에 비해 열세다. 우량주 장기투자 대신 단기 시세차익을 노린 잦은 매매 탓도 크다. 직접투자가 부담스럽다면 간접투자가 해법이다. 물론 펀드 간접투자로 손해를 본 사람도 허다하다. 그래서 적당한 목표수익률을 설정하고, 중장기 수익률이 우수한 펀드를 잘 골라 장기투자해야 한다.

요즘 중위험·중수익 금융상품이 뜨고 있다. 실제 우리보다 먼저 저금리 현상을 겪은 나라들의 고령자들도 중위험·중수익 펀드에 대거 가입한다고 한다. 연 5~6% 정도의 수익률을 목표로 하는 중위험·중수익 금융상품으로는 배당주펀드와 주가연계증권(ELS), 채권형펀드 등이 주목된다. 근래 우리나라도 배당주펀드에 자금이 몰리고 있다. 정부는 지난해부터 배당소득 증대세제와 기업소득 환류세제, 연기금 의결권 강화 등 기업의 배당 확대를 유도하는 정책을 잇달아 추진하고 있다.

"저금리 시대엔 실적배당형이 아니면 은퇴 자산을 만들기 어렵다. 싫든 좋든 위험자산과 친해져야만 노후를 윤택하게 만들 수 있다."

부산의 오늘을 묻고 내일을 긷다

금융 전문가들의 처방은 '입에 쓴 약이 병에는 좋다'는 속담과 통한다. 퇴직연금을 싹쓸이하다시피 한 원금보장형의 수익률마저 곧 연 1%대로 떨어질 거라는 우울한 소식도 전해진다. '주식은 무조건 위험하다'고 외면한 채 예금만 짝사랑하여 원금 보장에 집착한다면 초저금리의 늪에서 빠져 나오기 어렵다. 어쩔 수 없이, 익숙한 원금 보장과 결별을 선언할 때다. (부산일보, 2015.03.20)

5장

초저금리 시대 생존법

고단한 노후

동방예의지국인 한국은 노인들이 존중받았다. 효도가 우리 사회의 전통적인 지배 윤리였기에 자식들의 부모 봉양 의식도 뿌리 깊었다. 통계청 조사에 따르면 노부모에 대한 부양 책임이 가족에게 있다는 생각이 1998년에만 해도 89.9%에 달했다. 그러나 2008년 40.7%로 뚝 떨어진 데 이어 2014년에는 31.7%로 급락했다. 덩달아 노부모의 생활비도 '자녀 제공'보다 '부모 스스로 해결' 비율이 더 커졌다.

이러니 '나이 든 것도 서러운데 먹고살기가 힘겹다'는 노인들의 하소연이 갈수록 심해질 수밖에. 한국의 65세 이상 고령층 빈곤율은 2013년 기준 48.5%로 경제협력개발기구(OECD) 평균 12.8%보다 4배가량이나 더 높다. 불명예스러운 '노인 빈곤율 1위국'이다. 다른 OECD 국가들은 고령화에 따라 빈곤율이 완만하게 느는 반면 한국은 40대 이후 노년으로 갈수록 빈곤율이 훨씬 심해져 심각성을 더한다. 은퇴기 중산층 2가구 중 1가구꼴로 노후에 빈곤층으로 전락한다는 섬뜩한 보고서도 나와 있다.

가난한 노인들이 많다 보니, 은퇴 연령도 OECD 1위다. 한국노동연구원 조사에 따르면 2007~2012년 한국인의 실제 은퇴 연령은 남성 71.1세, 여성 69.8세였다. 남녀 모두 OECD 회원국 중 1위다. 한국 노인들은 왜 늙어도 일손을 놓을 수 없는가. 자녀 교육시키고 결혼시키느라, 집 사느라 젊었을 때부터 진 빚을 다 갚지 못했기 때문이다. 국민연금, 퇴직연금 등 안정적인 소득이 태부족인 한국 노인들은 생계를 위해, 또 빚을 갚기 위해 늙어서도 일을 하는 것이다. 더욱이 노인 일자리의 절반가량이 시간제 같은 저임금 임시직이라 불안한 노후가 이어지고 있다.

한국개발연구원이 18일 한국 노인의 빚 부담이 미국·독일 등 분석 대상 16개국 중 최고 수준이라고 밝혔다. 한국은 60대 이상 가구주의 연간 소득 대비 가계부채 비율이 161%로 전체 연령대 평균(128%)보다 높은 유일한 나라였다. 60대 이상 고령층이 연간 버는 돈의 1.6배가 넘는 빚을 지고 허덕이는 나라에 어떤 희망이 있을까. 40대, 50대도 그 고단한 길을 밟아 갈 텐데…. 중·고령층을 중심으로 일시상환 부채 구조를 분할상환 방식으로 바꾸고 주택연금같이 부동산 자산을 유동화하도록 정부와 금융권이 힘과 지혜를 모아야 할 것이다. (부산일보 밀물썰물, 2015.11.20.)

노후 난민

호모-헌드레드(homo-hundred). 유엔은 2009년 '세계인구고령화' 보고서에서 의학기술 등의 발달로 100세 이상의 장수가 보편화되는 시대를 지칭하면서 이 용어를 처음 사용했다. 유엔 보고서는 평균수명이 80세를 넘는 나라가 2000년 6개국에서 2020년 31개국으로 늘 것이라며 호모 헌드레드 시대의 도래를 알렸다.

한국인의 평균수명도 빠르게 늘고 있다. 1980년 65.9세에서 1990년 71.4세, 2000년 76.0세를 거쳐 2010년 80.7세(남 77.2세, 여 84.1세)를 기록했다. 평균수명이 80세가 넘는다는 것은 90세 이상 노인이 늘고, 100세 인생 시대가 성큼 열리고 있다는 걸 의미한다.

문제는 장수가 축복이 아니라, 재앙이 될 수도 있다는 점이다. 고령화가 초래하는 가장 심각한 문제 중 하나가 '노후 난민(難民)' 급증이다. 노후 난민은 고령자가 빈곤 탓에 의식주를 해결하지 못하거나 가족과 사회로부터 고립돼 일상생활에 곤란을 겪는 계층을 이른다. 빠른 고령화로 노인 혼자 힘겹게 살다 죽은 뒤 한참 있다 발견되는 고립사(孤立死)가 늘고 있는 일본에서 처음 만든 말이다.

통계청이 10일 밝힌 장래가구추계를 보면 65세 이상 1인 가구주가 2010년 105만 5천650명에서 2035년 342만 9천621명으로 224% 는다. 이들 중 미혼 노인은 2010년 1만 6천746명에서 2035년 10만 1천243명으로 504%나 급증한다. 고령자를 위한 일자리가 턱없이 부족한 상황에서 가족이 없거나 연락이 끊긴 '나 홀로 가구'가 급증하면 노후 난민도 늘게 마련이다. 더구나 부모 봉양과 자녀 교육에 매달리다 노후 준비가 부족한 베이비부머들의 은퇴가 본격화되고 있어 노후 난민 증가가 가속화될 조짐이다.

일본의 전철을 밟지 않도록 정부가 대책 마련을 서둘러야 한다. 대선 주자들도 정년 연장과 고령층 일자리 확대, 실직자 은퇴자를 배려한 사회보장체제 개편과 사회안전망 강화를 공약으로 채택하여 국정과제로 지속 추진하기 바란다. (부산일보 밀물썰물, 2012.07.11.)

주주 친화정책

한국 기업들은 주주들에게 짜기로 소문나 있다. 사내 유보금 쌓기에만 몰두할 뿐, 주주들에게 이익금을 나눠주는 배당에는 인색했다. 배당은 기업이 주주들에게 자본을 제공한 대가로 배분하는 이익이다. 배당의 지표인 배당성향과 배당수익률이 세계 꼴찌 수준이다. 적은 지분율로 대기업과 재벌그룹을 좌지우지하는 대주주들이 기업 이익을 소액주주들에게 나눠주는 걸 기피했기 때문이다. 한마디로 '배당후진국'이다.

글로벌 금융정보 제공업체인 블룸버그 집계에 따르면 2015년 9월 말 기준 한국 기업들의 배당성향은 평균 17.456%였다. 집계 대상 51개국 중 50위였다. 배당성향 1위는 체코로 73.363%였고, 시가총액 1위 국가인 미국은 35.572%였다. 이웃나라인 중국(30.699%), 일본(27.596%)도 우리보다 배당성향이 높았다. 배당성향은 기업의 당해연도 법인세 차감 후 순이익 중 배당금 총액이 차지하는 비율이다. 한국은 주식 1주당 배당금을 주가로 나눈 배당수익률도 최하위권이었다. 올해 3분기 말 기준 한국 기업의 배당수익률은 1.304%로 51개국 중 세 번째로 낮았다.

한국의 '짠물 배당'은 과거 우리 경제가 고성장하던 시기에는 어느 정도 타당성이 있었다. 이익을 기업 내부에 유보시켜 투자를 하는 것이 고용 확대 등 경제 전체로 볼 때 득이 되는 측면이 있었던 것이다. 그러나 내수 시장이 포화되고 기업이 마땅한 투자처를 찾기 어려워진 지금은 배당을 늘려 자본시장에 활기를 불어넣고 소비를 살려야 한다는 목소리가 세를 얻고 있다.

자사주 매입은 기업이 현금 배당을 하는 대신 그 자금으로 자사 주식을 사들이는 것이다. 배당 지급의 대안적 수단인 셈이다. 기업이 자사 주식을 사들이면 실제 증권시장에서 유통되는 주식 수가 줄어 1주당 순이익이 커지고, 주가 상승도 기대할 수 있다. 배당과 함께 자사주 매입은 주주에게 이익을 돌려주는 대표적인 주주 친화정책이다.

최근 한국 기업들이 배당 확대, 자사주 매입 등 주주 친화정책에 눈을 돌리고 있어 고무적이다. 삼성전자는 어제 11조 3천억 원어치의 대규모 자사주를 매입하여 전량 소각할 계획이라고 밝혔다. 현대·SK·두산 그룹 계열사 등도 자사주 매입에 나섰다. 우리 기업들의 주주 친화정책에 정부도 적극 주마가편하여 '배당선진국'으로 성큼 도약하길 기대한다. (부산일보 밀물썰물, 2015.10.30)

주식 부자 되기

애견을 데리고 산책하는 사람이 부쩍 늘고 있다. 그 산책 경로는 대개 정해져 있다. 집에서 출발해 근처 공원이나 운동장에 갔다가 다시 집으로 돌아온다. 신이 난 개는 폴짝폴짝 뛰어가 주인보다 앞서기도 하고 나란히 가기도 하며, 때론 코를 킁킁거리다 뒤처지기도 한다. 주인이 산책하는 동안 개의 움직임은 매번 달라 보이지만, 결국 주인을 따라 집으로 돌아오게 된다. 이런 현상을 빗대 유럽의 전설적인 투자가 앙드레 코스톨라니(독일, 1906~1999)는 "경제와 주식의 관계는 산책 나온 주인과 개와 같다"고 했다. 여기서 개는 주식이요, 주인은 경제다.

증권가에서는 개를 주가, 주인을 기업의 내재가치로 비유한다. 주가의 변동성이 심하지만 결국은 기업의 실적에 바탕한 내재가치에 수렴하게 돼 있다는 것이다. '산책 나온 주인과 개' 우화는 주식 투자의 본질을 잘 보여 준다.

개가 이리저리 뛰어다닌다고 주인이 덩달아 오락가락하면 길을 잃어버리게 된다. 대다수 개인 투자자들이 손실을 보는 이유도 이와 비슷하다. 반면 느긋한 마음으로 산책을 즐기되 개 목줄을 단단히 잡고 있으면 목적지인 집으로 돌아오게 된다. 그러나 이렇게 내공이 깊은 투자자는 매우 드문 게 현실이다.

주식 투자로 돈 벌기가 어려운 만큼 굴지의 주식 부호들은 선망의 대상이 되기 십상이다. 서경배 아모레퍼시픽그룹 회장은 2015년

들어 전 세계 부호 중에서 두 번째로 주식 자산이 많이 늘어난 것으로 밝혀졌다. 미국 포브스 등에 따르면 서 회장의 주식 가치 평가액은 연초 55억 달러(한화 6조 741억 원)에서 5개월여 만인 지난 18일 106억 3천만 달러(11조 5천378억 원)로 무려 93.27%가 늘었다. 이에 따라 세계 부호 순위도 연초 185위에서 122위로 63계단이나 풀쩍 뛰었다.

샐러리맨이 세계적인 주식 부호들을 따라잡기는 언감생심(焉敢生心)이다. 하지만 주식 투자로 부자가 되는 꿈은 꿀 수 있다. '코리아 펀드(Korea Fund)'로 이름을 떨친 존 리는 "샐러리맨이 월급만 갖고는 평생 큰 부자가 되기 어렵지만, 월급의 일정 부분을 떼어 지속적으로 성장하면서 살아남을 기업의 주식을 꾸준히 사서 10년이나 20년을 기다리면 분명히 주가가 엄청나게 올라 있을 것이다"고 조언했다. 초저금리 시대, 넉넉한 노후를 생각한다면 젊은 시절부터 우량주 장기 투자에 도전함 직하다. (부산일보 밀물썰물, 2015.05.20)

'개미'의 귀환

증권시장에 봄바람이 완연하다. 코스피 지수가 4년째 갇혀 있던 박스권(1,800~2,100)을 뚫고 그제 2,100을 돌파했다. 이런 기세라면 2011년 5월 초의 사상 최고치 2,228도 조만간 돌파할 기세다. 지난해까지만 해도 구조조정의 칼바람이 불던 서울 여의도 증권가에도 신바람이 일고 있다. 증권사 직원들은 전화 받느라 화장실 갈 시간조차 없다는 이야기도 들린다. 참담한 투자 실패로 증시를 떠났던 개인투자자들이 권토중래를 노리며 앞다퉈 증시로 돌아오고 있기 때문이다. 이른바 '개미'의 귀환이다.

최근 코스피 거래대금에서 개인이 차지하는 비중이 무려 60%에 달한다. 이런 기록은 5년 11개월 만이다. 개미들의 잇단 증시 귀환은 무엇보다 초저금리 영향이 크다. 지난달 12일 한국은행이 기준금리를 사상 최저인 1.75%로 낮추자 시중의 부동 자금이 은행 예금 등 안전자산에서 주식 등 위험자산으로 이동하는 '머니 무브(Money Move)'가 일어나고 있는 것이다. 증시의 투자자 예탁금은 물론 증시 주변 자금인 MMF(머니마켓펀드)와 CMA(종합자산관리계좌) 잔액도 가파르게 늘고 있다. 이런 자금을 바탕으로 개미 투자자들이 '꿈이여, 다시 한 번!'을 다지며 주식 투자에 속속 뛰어들고 있는 것이다.

개미들의 귀환은 증시 활황을 이끌고 경기 활성화의 촉매제가 될 수 있다는 점에서 긍정적이다. 또한 물가상승률과 이자소득세 등을 제하면 실질 금리가 사실상 제로(0) 상태나 다름없어 불가피한 측면도 강하다. 하지만 불꽃은 아무리 화려해도 때가 되면 사그라들기 마련이다. 눈앞의 활황에 눈멀어 빚까지 내 '묻지마 투자'에 나서서는 결코 안 된다. 지난해에도 개미들은 처참한 패배를 당했다. 개인 순매수 상위 20개 종목 중 18개 종목의 주가가 떨어졌다.

개미들은 자금력과 정보력에서 외국인과 기관에 비해 훨씬 열세다. 그런데도 증시에서 '대박'을 꿈꾸고, 그러다 피 같은 자금을 날리기 일쑤다. 발상의 전환이 요구된다. 개미들은 단기 대박의 욕심보다 꾸준히 '은행 이자+알파(α)'를 도모하는, '중위험·중수익'의 장기투자 전략을 세우는 게 필요하다. 초저금리·초고령화 시대 노후 대비를 위한 개미들의 거의 유일한 해법이 아닐까 싶다. (부산일보 밀물썰물, 2015.04.16)

주식 투자자 감소

지구촌에서 주식 투자로 최고 부자가 된 사람은? '오마하의 현인'으로 불리는 미국의 워런 버핏이다. 그는 기업의 내재가치 평가를 중시하는 가치투자의 대가다. 그는 "가치투자란 1달러 지폐를 40센트에 사는 것"이라고 했다. 주식시장은 군중심리, 탐욕과 두려움이 작용하는 탓에 주가가 기업의 내재가치보다 떨어질 때가 흔하다. 버핏은 그런 알짜 기업의 주식을 사서 주가가 내재가치에 수렴할 때까지 '시간과의 싸움'을 즐겼다.

버핏의 핵심 투자 원칙은 1조 '돈을 잃지 않는다', 2조 '원칙 1조를 잊지 않는다'이다. 무엇보다 수익에만 눈먼 탐욕을 경계한 것이다. 지나치게 많은 종목에 투자하는 것도 경계했다. "당신의 아내가 40명이라고 생각해 보라. 어느 누구도 제대로 알지 못할 것이다." 역발상도 강조했다. "남들이 탐욕스러울 때 두려워하고, 남들이 두려워할 때 탐욕을 취하라."

우리나라 주식 투자 인구가 7년 만에 줄었다. 한국거래소는 그제 2012년 말 기준 주식 투자자가 502만 명으로 전년비 5.1% 줄었다고 발표했다. 주식 투자자는 지난 2005년 이후 꾸준히 늘어났으나, 글로벌 경기 부진 등으로 증시 침체가 장기화하면서 손실을 본 많은 투자자들이 지난해 증시를 떠난 것이다. 이런 와중에 소수 고액 및 수도권 투자자들의 시장 지배력은 되레 강화됐다. 전체 투자자 중 1%에 불과한 5만 1천 명이 시가총액의 81.8%(전년비 +2.2%p)를 차지했다. 수도권 투자자 비중은 56.7%(전년비 +0.1%p)였으나, 시가총액 비중은 88.4%(전년비 +2.8%p)나 됐다.

증시 침체가 너무 길어지면 기업들의 자금 조달이 어려워지고, 경기 회복이 더뎌진다. 정부가 증시 활성화 대책을 강구할 필요가 있다. 하지만 주식 투자는 어디까지나 자기 책임이다. 일확천금을 노리다간 패가망신하기 십상이다. 버핏을 모델로 가치투자를 하거나 적립식 펀드 등으로 간접투자를 하는 게 어떤는지…. (부산일보 밀물썰물, 2013.07.24)

'묻지마 창업'

"한 집 건너 치킨집, 커피점⋯." 같은 업종 간 경쟁이 이처럼 심하다 보니 가게 생존율도 매우 낮다. 따지고 보면, 한국만큼 가게가 많은 나라도 드물다. 그만큼 많이 생기고, 많이 없어진다. 정년을 맞았거나 본의 아니게 직장에서 밀려난 이들이 너도나도 생계형 창업에 나서고 얼마 못 가 좌절을 겪는 것이다. 21세기 대한민국의 민낯을 그대로 드러내는 서글픈 풍경이다.

'자영업의 몰락'을 보여주는 통계가 또 나왔다. 국세청이 1일 국회에 제출한 국정감사 자료에 따르면 2004~2013년 개인사업자(자영업) 창업은 949만 개, 폐업은 793만 개로 집계됐다. 지난 10년간 해마다 평균 100만 개 가까운 자영업이 창업하고, 약 80만 개가 폐업한 셈이다. 업종별로는 치킨집·커피점을 아우르는 음식업이 창업과 폐업 모두 가장 많았다. 음식업은 10년간 187만 2천75개가 창업해 전체 창업의 19.7%나 됐고, 174만 4천138개가 폐업해 전체 폐업 중 22.0%를 차지했다. 창업과 폐업을 단순비교한 음식업의 생존율은 6.8%에 불과했다.

미용실·네일숍 같은 서비스업(창업 185만 6천197개, 19.6%/폐업 156만 8천595개,19.8%), 편의점·옷가게 같은 소매업(창업 182만 576개, 19.2%/폐업 162만 1천533개, 20.5%) 등도 창업과 폐업이 잇따랐다.

한국은 자영업 비율이 너무 높다. OECD 보고서에 따르면 전

체 고용에서 자영업의 비중을 조사한 결과, 한국은 31개 회원국(칠
레, 프랑스, 룩셈부르크 제외) 중 네 번째로 높은 27.4%였다. 한국
보다 자영업 비중이 높은 나라는 국가 부도 위기에 내몰린 그리스
(36.9%), 그리고 터키(35.9%)와 멕시코(33%)뿐이다. 이들 세 나라
는 관광산업 의존도가 높다는 공통점이 있다.

　한국의 높은 자영업 비중은 비자발적 창업 탓이 크다. 안정적인
일자리가 모자라 대안으로 창업을 선택하는 사례가 많다. 베이비붐
세대가 퇴직 후 재취업이 어렵자 생계 유지와 자녀 부양을 위해 창
업을 서두르거나 청년 백수들이 어쩔 수 없이 창업에 나서는 것이
다. 특히 장사가 좀 된다 싶으면 우르르 뛰어드는 '묻지마 창업'은
전문성 부족으로 폐업 속출과 직결되고 있다. 이런 상황을 계속 방
치할 경우 가계경제 불안정, 실업자 양산 등 사회적 폐해가 커진다.
정부 차원의 창업과 전직, 재취업 등 종합대책 마련이 발등의 불이
다. (부산일보 밀물썰물, 2015.09.02)

고용 세습

　세계적으로 악명 높은 신분제도는 인도의 카스트(caste) 제도다.
카스트는 승려계급인 브라만, 군인·통치계급인 크샤트리아, 상인
계급인 바이샤, 천민계급인 수드라 등 4계급으로 크게 나누어진다.
여기에도 속하지 못한 최하층 계급이 불가촉천민(不可觸賤民)이다.
불가촉천민은 청소·세탁·도살 등 고되고 어려운 일을 도맡아 하
면서 거주·직업 등에서 엄격한 차별대우를 받아 왔다. 마하트마
간디 등의 차별금지 노력에 힘입어 현재 법적으로는 불가촉천민에
대한 직업적·사회적 차별을 금지하고 있지만 아직도 카스트 영향
이 인도 사회 곳곳에 남아 있다고 한다.

　우리나라에도 신분제도는 뿌리가 깊다. 신라 시대 골품제가 있었
고, 고려·조선 시대에 음서제(蔭敍制)가 있었다. 음서제는 왕족의
후예와 공신의 후손, 고관의 자손을 대상으로 과거(科擧) 시험 없이
특별히 관리로 채용하는 제도였다. 재능과 무관하게 핏줄로 신분이
세습되는 사회는 기회의 차별이 일상화하였다.

　현대 민주주의 국가에서는 공식적인 신분제도가 사라졌다. 하지
만 고위 공직자, 법조계와 예술계, 기업 등 다양한 분야에서 직업의
세습, 곧 고용의 세습이 공공연하게 이루어지고 있다. 지난 2010년
'유명환 외교통상부 장관의 딸 특별채용 비리'가 대표적인 사례다.
당시 유 장관은 딸을 외교부 5급 공무원에 특별채용 했다가 '현대
판 음서제'라는 여론의 반발을 사 결국 사퇴했다.

　　　　　　　　　　　　　　　부산의 오늘을 묻고 내일을 긷다

청년 실업률이 10%를 넘나드는 암울한 현실 속에서 '고용 세습'은 반드시 척결해야 할 사회적 적폐다. 그럼에도 불구하고 대기업 셋 중 하나 꼴로 '고용 세습'을 하고 있는 것으로 드러나 큰 논란이 일고 있다.

고용노동부는 그제 노동조합이 있는 매출 10조 원 이상 30대 기업의 단체협약을 분석한 결과 조합원 자녀, 퇴직자, 장기근속자 등의 자녀나 배우자 등 직계가족 우선채용 규정이 있는 경우가 11곳(36.7%)에 달했다고 밝혔다. 이들 대기업은 노조 압박에 밀려 이런 독소 규정을 뒀겠지만, 엄연히 조합원 자녀가 아닌 자들의 취업 기회와 직업 선택의 자유를 박탈하고 있는 셈이다. 정부는 공정한 경쟁을 해치는 '고용 세습'의 폐해를 반드시 개선하여 취업난에 시달리는 청년들에게 직업 선택의 자유에 대한 확신을 심어 줘야 할 것이다. (부산일보 밀물썰물, 2015.06.26)

깡통 전세

재벌 집 아들딸이 아닌, 평범한 개인이라면 일평생 동안 돈 주고 사는 것 중에서 가장 비싼 건 무엇일까? 바로 '집'이다. 사람은 집과 함께 일생을 보낸다. 부모 집에서 태어나고 결혼을 하면 '내 집 마련'은 숙원이 된다. 셋방살이를 하면서 '내 집 마련'에 허덕이다 보면 20대, 30대가 다 가기 일쑤다. 중장년 중에도 집을 사지 못해 남의 집을 임차해서 사는 이가 허다하다. 우리나라의 주택 임대차(賃貸借)는 전세가 일반적이다.

전세제도는 우리나라에만 있는 독특한 주택 임대차 방식이다. 집주인은 세입자로부터 전세금을 받고 집에 수반되는 세금과 수리비, 감가상각비 등을 감당해야 한다. 세입자는 임차 기간이 끝나면 전세금을 고스란히 돌려받는다. 언뜻 보면 전세제도는 집 주인, 즉 임대인에게 매우 불리한 방식이다. 그런데도 한국에 유독 전세 제도가 주거문화로 뿌리를 내린 까닭은 뭘까.

첫째는 집값 상승 기대심리다. '일단 사 두면 집값이 오른다'는 믿음 때문이다. 우리나라는 1970년대 이후 산업화·도시화로 아파트 값이 꾸준히 상승해 왔다. 물론 1997년 IMF 외환위기와 2008년 세계 금융위기 등 중간중간 침체기도 있었다. 하지만 집값의 장기 사이클은 대체로 오름세였다. 두 번째는 고금리(高金利) 현상이다. 전세금을 받아 은행에만 맡겨 두어도 이자가 상당했다.

이론상으로는 전세제도의 소멸 가능성이 커지고 있다. 일본이 '잃어버린 20년'으로 집값이 반 토막 났듯이 우리나라 집값에도 거품이 잔뜩 끼어 있다는 우려가 큰 편이다. 거품은 언젠가 터지게 마련이다. 또한 근래 저금리도 심화되고 있다. 1년 만기 은행 정기예금 금리가 2%를 밑도는 상품이 속속 출시되고 있다. 전세금을 은행에 맡겨 봤자 이자가 쥐꼬리다.

이론과 실제는 다르다고 했던가. 최근 수도권 아파트 전세가격이 분수처럼 치솟아 서민들이 "악!" 소리를 내지르고 있다. 서울의 모 아파트는 전세가율이 매매가의 96.4%에 달했다. 실거래가격이 2억 4천900만 원인데, 전세가격이 2억 4천만 원이었다. 전세수요는 줄을 섰는데, 임대인의 월세 선호로 공급물량이 달려 '부르는 게 값'이라는 것이다.

전세가격이 매매가격에 육박하면서 '깡통 전세' 우려가 커지고 있다. '깡통 전세'는 세들어 살던 아파트가 경매 처분될 경우 전세금을 돌려받기 어렵게 되는 것이다. 부산은 2014년 12월 기준 전세가율이 평균 69.6%여서 아직 서울만큼 심각하지는 않지만, 상승세가 계속되고 있는 만큼 세입자들은 전세 계약 때 각별한 주의가 요망된다. (부산일보 밀물썰물, 2015.02.24.)

초저금리 시대 생존법

동서양을 막론하고 은행에 돈을 맡기면 이자를 받는 게 상식이다. 근래 그런 상식이 깨졌다. 유럽중앙은행(ECB)은 2014년 6월 유럽 각국 시중은행들이 맡기는 자금에 대한 금리를 연 0%에서 -0.1%로 전격 인하했다. 이자를 주기는커녕 되레 보관료를 받겠다고 천명한 것이다. 은행들이 돈을 금고에 쌓아 두지만 말고 운용방안을 적극적으로 찾아 침체된 경기를 부양하라는 취지였다. 일반 민간은행들이 개인 저축자들에게 그랬다간 '뱅크런(대규모 예금 인출사태)'이 발생했을 법하다.

ECB의 마이너스 금리 등장은 글로벌 초저금리시대의 도래를 대변했다. 유럽과 일본은 제로(0) 금리 시대가 열린 지 오래됐다. 미국도 연방준비제도가 28일(현지시간) 현행 제로 수준의 초저금리 기조를 유지하기로 결정했다. 문제는 우리나라도 이미 초저금리 시대가 현실화하고 있다는 점이다.

최근 일부 시중은행과 지방은행의 1년 만기 정기예금 상품 금리는 1%대로 떨어졌다. 심지어 1.6% 금리 상품도 나왔다. 간신히 2%대에 턱걸이한 상품들도 있지만 사상 최저 금리 상품들이 줄을 잇고 있다. 상대적으로 금리가 높은 저축은행의 1년 만기 정기예금 상품 평균금리는 2.63% 수준이다. 이런 명목금리에 물가상승률(2014년 1.3%)과 이자 세금(15.4%)을 빼면 실질 금리는 사실상 제로나 다름없다.

초저금리 추세에 대응해 은행과 지점을 끊임없이 옮겨 다니는 '금리 노마드(Nomad · 유목민)족'도 늘고 있다. 인터넷 재테크 카페 등을 중심으로 단 0.1%포인트의 우대금리라도 챙기기 위해 손품, 발품을 파는 새로운 금융 소비 풍속도가 퍼지고 있는 것이다. 실제 가입자 추천인과 피추천인에게 모두 연 0.1%포인트의 우대금리를 주는 스마트폰 전용상품이 인기를 끄는가 하면 사회봉사 활동자, 기부자, 장기기증 서약자 등을 우대하는 예 · 적금 상품도 등장했다.

초저금리 현상은 예금이자 위주로 생활비를 마련하는 은퇴자들에게 쓰나미 같은 충격이다. 수명은 갈수록 늘어나는데, 예금 금리는 바닥에 떨어져 노인 빈곤현상 악화가 우려된다. 이런 터에 미래에셋은퇴연구소가 엊그제 천만 관객을 동원한 우주영화 〈인터스텔라〉에 비유한 초저금리 시대 생존법을 내놔 눈길을 끌었다. 초저금리 시기에는 자산축적 속도가 블랙홀 시간처럼 현저하게 느려지기 때문에 은퇴 준비에 양적 · 시간적 자원을 늘리고, 자산운용은 저위험 · 저수익 공간에서 중위험 · 중수익 공간으로 옮겨가야 한다는 것이다. 하지만 수익률 연 4~5% 수준의 중위험 · 중수익 재테크 전략을 짜기가 어디 말처럼 쉬운가. (부산일보 밀물썰물, 2015.01.30)

저출산·고령화의 늪

'13월의 보너스'는 온데간데없고 '13월의 세금 폭탄'이 쏟아진다고 온통 난리다. 연말정산 시즌을 맞아 환급액이 급감하거나 되레 세금을 토해 내야 하는 사례가 속출하고 있는 탓이다. 무엇보다 '유리지갑'으로 불리는 샐러리맨들의 불만과 분노가 크다. 2013년 세법 개정 당시 정부 설명과는 달리 올해 연말정산에서 대다수 월급쟁이들이 수십만 원씩 세금 부담이 늘게 됐다는 것이다.

바뀐 연말정산제도의 가장 큰 맹점은 우리나라의 최대 난제인 저출산·고령화 대책과 철저하게 거꾸로 갔다는 점이다. 연말정산 방식을 소득공제에서 세액공제 위주로 바꾸면서 정부가 저출산·고령화의 심각성을 간과한 것인지 무시한 것인지 도무지 납득하기 어렵다.

우선 저출산 대응책의 하나로 종전 연말정산에서는 자녀 관련 인적공제가 상당했다. 6세 이하 자녀 양육비가 1명당 100만 원, 출산·입양 공제가 1명당 200만 원이었다. 다자녀 추가공제는 자녀 2명 100만 원에다 2명 초과 시 100만 원+2명 초과 1명당 200만 원이었다. 이런 소득공제가 자녀 1~2명은 1명당 15만 원, 자녀 2명 초과 땐 30만 원+2명 초과 1명당 20만 원의 세액공제로 바뀌었다. 자녀 양육비 공제와 출산 장려를 위한 다자녀 추가 공제, 출산 공제가 사라진 것이다.

노후를 대비해 연금저축·연금펀드, 퇴직연금 등에 가입한 직장인들도 뒤통수를 맞았다. 종전엔 연금 불입액 전액에 대해 400만

원 한도까지 소득공제를 받았지만 이번 연말정산부터 12%의 세액 공제가 적용된다. 결과적으로 노후 대비 저축을 많이 하더라도 별다른 혜택을 받지 못하는 꼴이 됐다. 노후 대비를 하지 말라는 건지….

한국은 심각한 저출산·고령화의 늪에 빠져 있다. 합계출산율 (15~49세 가임여성이 평생 낳을 수 있는 자녀 수)은 2012년 1.30명에서 2013년 1.19명으로 떨어졌다. 경제협력개발기구(OECD) 34개국 중 꼴찌다. 고령화 속도 역시 세계에서 유례가 없을 정도로 빠르다. 게다가 노인빈곤율이 2012년 기준 48.5%로 OECD 가입국 중 가장 높다. 저출산·고령화 파동은 가족·일상생활·고용정책·의료보험·연금제도·재정·산업 등 나라의 경제·사회 전 분야에 큰 영향을 미친다.

저출산·고령화의 늪은 국가적 재앙이 될 수 있다. 정부와 새누리당은 21일 긴급 당정협의를 갖고 자녀 및 노후연금 세액공제를 확대하고, 소급적용을 위해 소득세법 개정을 추진키로 했다. 출산 공제도 다시 부활하기로 했다. '병 주고 약 주는' 뒷북행정에 저출산·고령화의 늪은 깊어만 가고, 샐러리맨들의 겨울은 유난히 추워 보인다. (부산일보 밀물썰물, 2015.01.22)

가계 빚 1천조 시대

"747은 이륙에 성공하지 못했는데, 474는 성공할까?" 여기서 747은 이명박 전 대통령이 대선 때 내건 '747공약'이다. 성장률 7%, 국민소득 4만 달러, 세계 7대 선진국 달성을 의미하는 '747공약'은 이 대통령 임기 5년 동안 하나도 실현하지 못했다. 474는 박근혜 대통령이 엊그제 신년 기자회견에서 제시한 '474비전'이다. 박 대통령은 경제혁신 3개년 계획을 통해 성장률 4%, 고용률 70%, 국민소득 4만 달러를 달성할 것이라고 했다.

'474비전' 실현의 핵심 전략 중 하나가 내수 활성화다. 국내 수요를 활성화해서 내수와 수출이 균형을 이루는 경제를 만들겠다는 것이다. 수출은 호조인 반면 내수는 붕괴 상태다. 이로 인해 연간 100만 개의 일자리 기회가 사라지고 있다고 한다. 내수 부진의 주된 요인이 눈덩이 빚에 기인한 가계소비 위축이다. 국내총생산(GDP) 중 가계소비 비중은 1990년 59.5%에서 2012년 51.1%까지 추락했다. OECD 34개 회원국 중 27위다.

한국은행은 그제 가계부채가 2013년 1천조 원을 돌파한 것으로 추산했다. 가계부채는 2004년 말 494조 원에서 9년 만에 배 이상으로 커졌다. 부동산 호황기 때 너도나도 빚을 내 집을 샀는데, 그 후에 부동산 침체가 장기화하면서 집값 하락과 매매 부진으로 수많은 가계들이 빚더미에 신음하고 있다. 게다가 경기 침체까지 겹쳐 자영업자와 저소득층 중심으로 생계비 대출도 빠르게 늘고 있는 중이다. 이들은 "빚을 내지 않으면 생계 유지가 어렵다"고 아우성이다.

　가계부채가 우리 경제를 파국에 빠트릴 뇌관이 될 정도로 방치한 것은 역대 정부의 책임이 크다. 박 대통령의 '474비전 달성도 가계부채 해결에 달렸다. 저소득층에 대한 선별적인 채무 재조정, 제2금융권 대출 건전성 강화, 서비스산업 육성 등을 통한 경기활성화 및 부동산 경기 연착륙 등 정부의 다양하고도 적극적인 해법이 요구된다. (부산일보 밀물썰물, 2014.01.09)

부산의 오늘을 묻고 내일을 걷다

초판 1쇄 발행 2016년 2월 22일

지은이 장지태
펴낸이 강수걸
편집장 권경옥
편집 양아름 문호영 정선재 윤은미
디자인 권문경 박근아
펴낸곳 산지니
등록 2005년 2월 7일 제14-49호
주소 부산광역시 연제구 법원남로15번길 26 위너스빌딩 203호
전화 051-504-7070 | 팩스 051-507-7543
홈페이지 www.sanzinibook.com
전자우편 sanzini@sanzinibook.com
블로그 http://sanzinibook.tistory.com

ISBN 978-89-6545-339-0 03300

* 책값은 뒤표지에 있습니다.
* 이 도서의 국립중앙도서관 출판예정도서목록(CIP)은 서지정보유통지원시스템
홈페이지(http://seoji.nl.go.kr)와 국가자료공동목록시스템(http://www.nl.go.kr/
kolisnet)에서 이용하실 수 있습니다.(CIP제어번호: CIP2016003241)